U0745638

PUHUA BOOKS

我们一起解决问题

新营销与新电商实战系列

抖音运营实战一本通

韩智华 著

人民邮电出版社
北京

图书在版编目（CIP）数据

抖音运营实战一本通 / 韩智华著. -- 北京 : 人民邮电出版社, 2020.11
（新营销与新电商实战系列）
ISBN 978-7-115-54753-8

Ⅰ. ①抖… Ⅱ. ①韩… Ⅲ. ①网络营销 Ⅳ. ①F713.365.2

中国版本图书馆CIP数据核字(2020)第160801号

内容提要

抖音是当下最受欢迎的短视频平台之一，聚集了庞大的流量。越来越多的企业、品牌和个人选择入驻抖音。那么，如何才能在用户量庞大的抖音平台上站稳脚跟？创作短视频有什么技巧？如何有效地开展粉丝运营？如何选择合理的方式完成变现呢？

本书分为10章，系统地阐述了抖音平台及其用户的特点、确定账号定位与运营方向的方法、内容创作技巧、精准引流的方法、粉丝运营的技巧、数据化运营思维、矩阵式发展路径、IP塑造、蓝V账号的特殊之处、多元变现方法等内容。书中介绍的内容可以帮助运营者掌握抖音运营的实用方法和技巧，更快速有效地实现运营目标。

本书适合所有想要入驻抖音和已经在抖音上开展运营活动的人员阅读，也可以作为MCN机构从业者等相关人员的参考读物。

◆ 著 韩智华
责任编辑 陈 宏
责任印制 彭志环
◆人民邮电出版社出版发行 北京市丰台区成寿寺路11号
邮编 100164 电子邮件 315@ptpress.com.cn
网址 https://www.ptpress.com.cn
固安县铭成印刷有限公司印刷
◆开本：700×1000 1/16
印张：13.5 2020年11月第1版
字数：180千字 2025年11月河北第34次印刷

定 价：59.80元

读者服务热线：（010）81055656 印装质量热线：（010）81055316
反盗版热线：（010）81055315

前言

抖音于 2016 年上线，在短短几年的时间内迅猛地发展起来，成为短视频行业的龙头，商业价值不断提升。在地铁站、餐厅、办公大楼等人流密集的场所，你随处都可以发现刷抖音的人。许多人在闲暇时总会习惯性地打开抖音刷几条短视频。抖音这种极强的用户黏性对所有互联网产品来说都是非常有价值的。

在这个时代，用户黏性强、规模大就足以说明平台的流量资源十分丰富，而流量对自媒体行业中的人而言，就像宝藏对探险者一样具有诱惑力。因此，越来越多的组织和个人选择入驻抖音，其中不乏知名度很高的大品牌。大量知名品牌选择入驻抖音说明抖音的商业价值已经得到了市场的认可。

抖音虽然是一块聚集了庞大流量的宝地，但并非人人都能从中获得较高的流量。有些人即便得到了流量，也不知道该如何去利用它，如何才能将其价值最大化。虽说从零开始打造一个账号并使其获得数百万粉丝并不是一件容易的事情，但抖音独特的机制对很多新手来说还是非常友好的。

只要运营者能够在正式开展运营前做好一系列基础性的准备工作，那么开一个好头还是没问题的，毕竟抖音的流量池给了所有新人一个脱颖而出的机会。但是，流量池并不是万能的，运营者只有不断提升自己的创作和运营能力，打造爆款视频，才能在抖音上有所发展，也才有机会借助抖音完成变现。

现在，抖音依然在不断发展，各种新功能层出不穷。例如，抖音直播成了广大抖音运营者关注的另一个新风口。面对抖音的各种变化，有的人跃跃欲试，有的人犹豫不前，还有人虽然想要伸出手去抓住机会，却找不到合适的方法。本书介绍了关于抖音运营的重要内容，为那些想要在抖音上展示自己的普通人和想要借助抖音成就一番事业的运营者提供了大量非常实用的方法和技巧。

本书共分为 10 章。第 1 章简要地介绍了抖音平台，第 2 章介绍了如何为账号做基础定位，第 3 章介绍了内容运营方面的技巧，第 4 章介绍了引流方面的知识，第 5 章介绍了粉丝运营方面的技巧，第 6 章重点介绍了数据思维，第 7 章介绍了当前非常流行的矩阵模式，第 8 章介绍了如何将账号人格化，第 9 章介绍了蓝 V 账号的特殊性，第 10 章介绍了当下流行的变现方法。

无论你对抖音的看法如何，都必须承认一点：抖音在短视频行业的地位已经十分稳固，其商业化进程也在不断加速，越早入驻越容易抓住机会。

因此，如果你发现自己已经有了一些很不错的想法，就不要再犹豫了，学习书中介绍的方法，果断地开展行动，才有可能实现自己的梦想！

目录

第 5 章

第 6 章

第 7 章

第 10 章

多元变现：广告、电商、付费课程的变现方法 // 189

第1章 了解平台：抑音平台及其用户群体的基本特点

如今的抖音是各大电商、品牌商眼中的宝地，业内人员都看到了其巨大的商业潜力。抖音如此火爆也并非毫无理由，独特的平台定位、高质量的用户群体、专业化的算法机制等都对抖音的发展都产生了强大的推动作用。

1.1 现实价值：为什么说抖音是运营者的必争之地

应该怎么形容抖音呢？有人用“一匹黑马”来形容它，有人将其视为一个巨大的流量池；那些习惯于采用传统销售模式的商家，在抖音的影响力日益扩大之后，将其视为一个具有某种威胁性的竞争对手。不管人们的看法如何，抖音的优势与商业潜力已经十分显著，必将迎来越来越多的运营者。

抖音于 2016 年正式上线，当时短视频类 App 还不多，抖音处于一个有利的位置，一些商业意识比较敏锐的人预测抖音或许会对未来的市场格局造成影响。事实证明，大多数人都低估了抖音的发展潜力。在抖音上线运营的 4 年时间里，它的扩张速度是非常惊人的，仿佛一棵小树苗在很短的时间内就长成了参天大树。

毫无疑问，抖音团队的运营能力十分强大。大家比较熟悉的关键意见领袖（Key Opinion Leader，KOL）高火火、毛毛姐以及昙花一现的成都小甜甜等人（见图 1-1）都是因为抖音这个平台才在互联网上走红的。

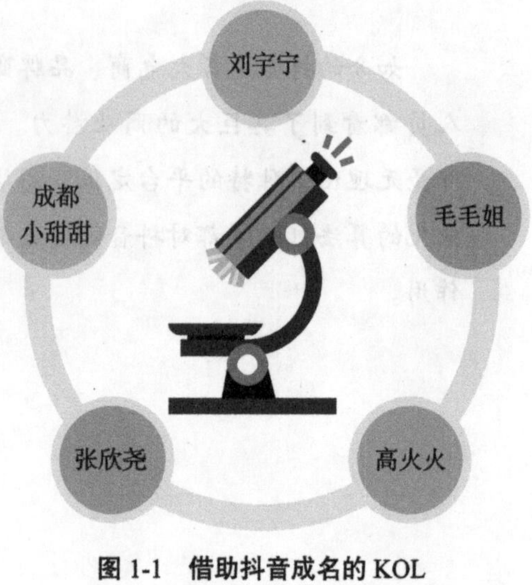

图 1-1 借助抖音成名的 KOL

如果说在抖音上线初期，许多人还没有意识到抖音的潜力究竟有多大，那么在一个接一个的“带货王”在抖音上诞生之后，原本还有些犹豫的运营者们纷纷下定决心入驻抖音平台。就拿在某段时期格外火爆的答案茶来说，它之所以能够成为热门话题就是因为其创始人拍摄了一段与答案茶有关的短视频，并将其简单处理后发到了抖音上。而在那时，答案茶连一家实体店都没有。

这段短视频的播放量、互动量飞速增长，答案茶的创始人收到了无数条询问加盟要求的信息之后，不再迟疑，果断地开设了实体店。自此，抖音的商业价值慢慢浮出水面并受到了更多人的认可，毕竟在过去一夜之间就引来几百家加盟商这种事情是非常罕见的。

抖音的运营逐渐走上正轨之后，许多知名品牌纷纷入驻抖音。抖音的含金量很高，每天都有大批运营者在抖音上开通账号，新老运营者之间的竞争也格外激烈。为什么抖音能够吸引这么多的运营者？抖音的价值究竟体现在哪些方面？我们可以简单地梳理一下，具体如图 1-2 所示。

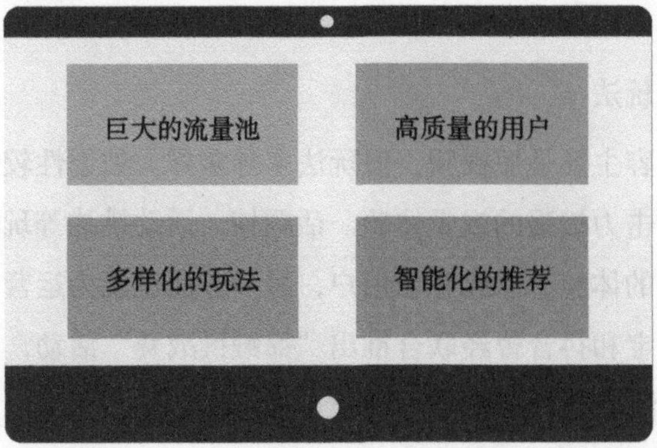

图 1-2　抖音的价值主要体现在四个方面

1. 巨大的流量池

如今，流量已经成了众多企业都在渴求的东西。它们需要的不是虚假流量，而是货真价实的、能够为其带来价值的流量。根据抖音官方于 2020 年 1 月发布的《2019 抖音数据报告》，抖音的日活跃用户数量已经突破了 4 亿大关，远超其他同类平台及潜在竞争者。

这个数字看似简单，但其背后的意义却十分复杂。平台自身的流量就像一块肥沃的土地，所有人都可以免费使用这块土地，但到底能创造多少价值，就要看各自的本事了。流量意味着机会、粉丝、利润、知名度，这些东西对运营者来说具有强烈的吸引力，但它们都需要流量的支撑。

抖音拥有巨大的流量池，入驻抖音的运营者完全可以在初期凭借短视频创作能力完成引流、转化等目标。而那些原本就具备一定影响力的知名品牌可以借助抖音平台的巨大流量进一步放大品牌的影响力。

2. 高质量的用户

用户喜欢性价比高、品质好的产品，运营者则希望多吸引一些高质量的用户。这里所说的高质量用户主要具备两大特征：一是对新事物的接受能力非常强，碎片化时间较多，参与各类活动的积极性很高；二是比较容易受到流行风向的影响，往往是运营者提高转化率的主要目标人群。这类被商家放在核心位置的用户之所以会大批地聚集在抖音上，主要是因为抖音的平台定位具有一定的优势。

3. 多样化的玩法

抖音上的内容主要是短视频，但玩法多种多样。独创性较强的竖屏模式可以给用户带来冲击力极强的视觉体验。话题榜、活动挑战等玩法一方面能够给用户带来更新奇的体验，以此黏住用户，另一方面也能为运营者提供更多的机会。例如，支付宝和抖音曾经联合推出“锦鲤挑战赛”活动，相关短视频的浏览量、互动量在活动期间暴涨。

此外，抖音玩法的多样性还体现在内容方面，内容涉及的主题五花八门，而且运营者不一定非要制作技术含量较高的短视频。例如，阿里巴巴企业号简单晒了一下公司的食堂，就吸引了众多粉丝，引来了极大的关注。这种内容创作的自由度间接地为运营者提供了机会。

4. 智能化的推荐

抖音的智能化推荐机制也是许多运营者决定入驻抖音的重要原因。在这里，我们先不详细分析这个机制，而是打一个简单的比方进行说明：用户本来喜欢A产品，但在挑选产品时发现旁边还有一个类型相似的B产品，用户有可能会分出一部分注意力关注B产品，有时甚至会因为好奇或其他原因而购买B产品。许多知名度不高的品牌正是看中了抖音独特的推荐机制，它们希望通过关键词设置等运营手法借大品牌的势，为自己吸引更多的粉丝。

或许你是一个对旅游不太感兴趣的人，但如果你经常刷抖音，一定或多或少见识过稻城亚丁的风景、西安不夜城的繁华、厦门的特色冰激凌……抖音就像一个浓缩的小世界，许多原本不太容易受到关注的事物在抖音上都有机会走红，这给形形色色的运营者带来了新的希望。

1.2 平台定位：抖音在头条系产品矩阵中的地位及其主攻方向

风头强劲的抖音是头条系产品矩阵中的一员，其伙伴包括西瓜视频、今日头条等。随着时间的推移，抖音逐渐变成了核心产品。

在抖音上线初期，虽然很多人认为短视频市场很有潜力，但市场规模还很小。当时，抖音面对的竞争对手不算多，但要想在与“前辈”的竞争中取胜也不是一件容易的事。在抖音还没有成为人们眼中的黑马时，抖音的运营团队虽然对其寄予厚望，但大概也没有想到抖音会在短短几年时间内一跃成为短视频行业的领军者。

目前，因为强大的引流、变现能力，抖音在头条系产品矩阵中的地位愈发稳固。在实打实的数据面前，应该已经不会有人再去质疑抖音的商业价值了。

抖音的成长速度如此之快，尽管在一定程度上是因为赶上了短视频市场爆发式增长这个风口，但主要还是因为其独特的平台定位。我们可以对抖音的平台定位进行一番梳理，具体如图1-3所示。

1. 以音乐为主体

抖音之所以能够持续火爆，吸引如此多的忠实粉丝，主要还是因为抖音始终坚持音乐平台这一定位。将音乐作为突破口的抖音确实因此吸引了不少年轻人，也打造出了许多风靡一时的“抖音神曲”。例如，《学猫叫》《答案》等热门歌曲都是在抖音的帮助下才得到大范围传播的。

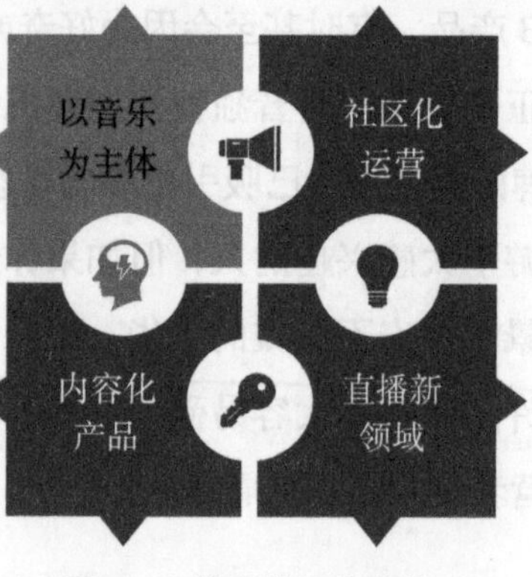

图 1-3 抖音的平台定位

抖音提供的音乐素材十分丰富，这些素材能够为运营者提供帮助。有一些知名歌手也选择入驻抖音，与抖音建立了良好的合作关系。

2. 社区化运营

在抖音刚上线的时候，尽管抖音的社区化运营体现了一定的优势，但并不算十分明显。抖音的运营团队对此有着十分敏锐的感知，他们通过加强评论区互动、建立点赞激励机制、适时引导运营者等方式使抖音的社群氛围更加浓厚。

如果抖音在发展初期没有把重点放在社交上，也没有建立激励机制去引导用户互动，那么抖音将很难取得今天这样的成就。抖音的评论区是一个非常关键的地方，某些“神回复”能够提升短视频的传播效率，也能使抖音的影响力得到进一步的扩大。

3. 内容化产品

在发展初期，抖音凭借优质的内容迅速俘获了一大批年轻用户。毕竟，那时的短视频创作环境还不是很成熟，许多短视频平台的内容质量并不达标，例如，有些短视频简单粗暴地打广告或者掺杂着违规内容。

抖音在初期走的是技术流路线，内容质量与同类平台相比明显要高不少，因此抖音才能维持初期的热度。后来，随着抖音的发展，平台上的内容也变得越来越多样化。

4. 直播新领域

直播功能是抖音运营了一段时间后才上线的，该功能可以为抖音的持续发展提供更多的动力。首先，直播可以进一步加强抖音的社区属性，毕竟与短视频相比，直播的互动性更强；其次，直播能使抖音的产品生命周期变得更长，毕竟只有跟上时代的步伐，产品才能获得主流用户的认可。

抖音的平台优势反映出其运营团队为抖音做了足够专业、完整的产品规划。以当前的情况来看，抖音已经聚集了庞大的、稳定的流量，也吸引了许多知名品牌入驻，因此未来一定会向着商业化的方向发展。

不过，抖音要想实现高效的变现，依然面临一些棘手的问题。例如，产品运营产生了巨大的开支，抖音的运营环境越稳定、用户规模越庞大，这个方面的成本压力就越大。但不管怎么说，抖音在电商方面的潜力还是非常可观的。

抖音在很短的时间内就与 MCN① 机构、广告主、网络营销服务商等建立了稳定的合作关系，抖音打通这些渠道的目的就是完成各个环节的整合工作，搭建完整的商业化平台。抖音想要成为一个新的带货阵地，将更多的资源和数据掌握在自己手中，打造从商品浏览到下单付款这一系列完整交易流程的闭环，不让流量白白地流走。

抖音是短视频行业中探索变现模式的领头羊，而且目前的发展势头仍然十分强劲，电商可以在这个平台上享受很多红利。

1.3 用户画像：抖音的主力用户是哪些人

用户质量越高，平台的综合价值也就越高。抖音拥有一大批高质量用户，这正是抖音的主要优势之一。那么，抖音的主力用户群体究竟具备哪些特征？到底是什么样的群体使抖音具备了如此强大的生命力？

抖音的主力用户以年轻人居多。在以真实数据为依据的基础上，我们来深入分析抖音主力用户群体的特征，具体内容如图 1-4 所示。

---

① 英文全称为 Multi-Channel Network，意为多渠道网络。

图 1-4　抖音主力用户群体的特征

1. 用户性别

与其他类型的平台（如小红书、蘑菇街）相比，或者与同类平台（如微视、美拍）相比，抖音用户的性别比例更加均衡，没有出现某一性别用户比例过高的情况。根据抖音公开的用户数据，抖音的男性用户略多于女性用户。男性用户与女性用户的喜好有所不同，如果某一性别用户的比例明显偏高，就说明平台上的内容对另一性别用户的吸引力不足，这不利于平台的长远发展。比较均衡的男女比例间接地反映了运营者对抖音的整体规划非常合理。

2. 用户年龄

抖音在上线初期对目标用户的定位非常明确，其运营团队希望抖音能够聚集更多年轻、优质的流量，这有利于维持抖音的整体热度。

别看现在有大量的年轻人把时间投入到短视频的观赏和创作中，其实在抖音没有出现之前，短视频的主要受众年龄偏大，因为年轻用户更容易被新潮的 App 吸引，而那时的短视频在这个方面并不具备优势。

据统计，抖音的主力用户年龄集中于 35 岁以下，25~30 岁的用户在其中属于比例较高的组别。这些用户很容易对产品产生黏性，同时也是传播产品信息的主力军。换句话说，优质的用户能够帮抖音节省很多宣传费用。当然，这一切的前提是抖音的功能和内容足够出色。

3. 用户所在区域

根据巨量算数发布的《2020年抖音用户画像报告》，截至2020年1月，各省份抖音用户所占比例排名（前10名）如表1-1所示，位居前三的分别是广东、河南、山东。

表1-1　各省份抖音用户所占比例排名（前10名）

省份	所占比例
广东	8%
河南	8%
山东	7%
四川	6%
江苏	6%
河北	5%
安徽	5%
浙江	5%
湖南	4%
贵州	4%

从总体上来看，抖音的用户分布比较均衡，全国各地都有，大部分城市的用户数量都比较可观，这也体现了抖音具有广泛的影响力。通过更精细的数据分析可以发现，一、二线城市的抖音用户数量较多，该用户群体是抖音最重视的用户群体之一。

4. 用户消费水平

虽然抖音的商业化趋势在近两年才变得明显起来，但这并不代表其运营者在一开始没有商业化方面的想法。在这里，我们首先要考虑用户的年龄层次。17~20岁的用户虽然也属于年轻人的范畴，但就整体情况而言，其中大多数人并不具备较强的消费能力；而25~30岁的用户消费能力就比较强了，因为其中大多数人为上班族，拥有较为稳定的收入来源。

影响用户消费水平的另外一个重要因素是地域。例如，一、二线城市的用户，无论是消费水平还是受教育程度，都相对较高。当然，三、四线城市的用户对抖音的发展来说也是不可或缺的。

5. 用户偏好

喊着“记录美好生活”这一口号的抖音，虽说在发展初期对内容布局有自己的规划与侧重点，但在中后期也需要根据用户偏好对其进行调整。在抖音上，比较容易上热门的内容一般以搞笑类、美食类居多。例如，脏脏包、炒泡面、土耳其冰激凌等美食都是被抖音带火的。

男性用户对汽车类、游戏类短视频更感兴趣；女性用户的关注范围则相对更广，美妆类、穿搭类、探店类短视频都非常受女性用户的喜爱，这些短视频能够完成有效的转化或直接带动相关的线下业务。当然，也有一些内容是男性和女性用户都喜欢看的，如生活类、旅游类、体育类短视频（见图 1-5）。抖音平台本身不会给某一类短视频特殊关照，但会对不同类别的内容进行价值评估，并以此为依据举办各种活动、培养运营者。

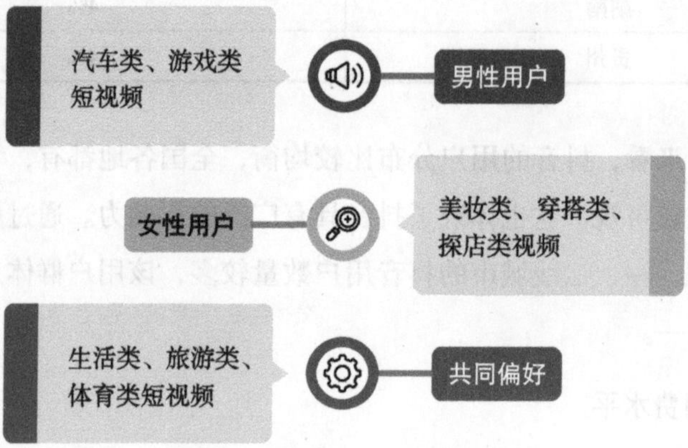

图 1-5　抖音用户的内容偏好

6. 用户活跃时间

用户活跃时间对运营者来说是非常关键的信息。许多用户都会利用碎片时间来刷短视频，其中比较具有代表性的时间点是中午 12 点和晚上 9 点。另外，上午 7 点、下午 6 点是用户活跃度开始产生明显上升趋势的时间点。通过观察这些时间点，我们可以发现，大部分用户将抖音当作一种用来打发时间或者放松心情的工具，毕竟只花 15 秒就能看完一条短视频。

上述内容只是对抖音主力用户群体所做的简要分析，运营者还要结合其他要素进行分析，并注意数据的时效性。抖音是一个热度极高的平台，其用户画像虽然不会经常发生大规模变动，但也会发生小的调整。只有及时采集相关数据、深入分析用户，才能保证运营方向的准确性。

1.4 算法特性：抖音推荐算法的基本特征

推荐算法是抖音的制胜法宝，无论对平台还是对用户、运营者，该算法都能提供巨大的帮助。凭借这套独具优势的推荐算法，抖音迅速聚集了庞大的流量，也让用户在抖音上的停留时间越来越长。那么，这套算法究竟有什么过人之处，具备哪些基本特征呢？

许多用户都曾发出过“抖音有魔力”这样的感叹，抖音似乎有一种能够窥探人心的力量，就像某些品牌店中的专业导购一样，总能在第一时间摸清他们的偏好、需求，并引领他们到指定地点或为其提供合适的产品。

举个例子，假设你喜欢关于小动物的短视频，当你第一次打开抖音的时候，可能会在内容列表中选择封面含有猫、狗图片的短视频。等你再次打开抖音，你会发现首页中出现了许多含有可爱小动物图片的短视频，这让你忍不住延长了刷短视频的时间。这就是抖音推荐算法的优势所在，它可以潜移默化地将用户牢牢拴住，因为它可以根据用户的行为做出判断，并为用户贴上最精准的标签，从而实现精准引流。

对广大的运营者来说，熟悉并掌握抖音的推荐算法是很有必要的，这有利于运营者在较短时间内看到成果——不断上涨的播放量、不断增加的粉丝量等。

抖音推荐算法主要有四大基本特征，如图 1-6 所示。

图 1-6 抖音推荐算法的基本特征

1. 双重审核

双重审核是指短视频发布之前需要经过人工与系统两道审核。抖音的发展速度实在太快了，许多竞争对手都在牢牢盯着它，所以抖音必须维护好内容生态。

（1）系统审核

系统审核的主要作用就是进行基础过滤，将那些带有违规内容（见图 1-7）的短视频拦截下来，并对运营者发出不同程度的警告。抖音对原创作品的保护力度非常大，这也是抖音能够吸引众多优质短视频创作者的原因，抖音建立了有效的消重机制来保护原创作品及其创作者。

消重机制的作用是消除内容重复的短视频，包括运营者搬运过来的、与其他人的作品具有高度相似性的短视频。换句话说，如果运营者发布的内容被系统或人工认定为别人已经发布过的内容，那么该运营者所发布的内容获得推荐的可能性就会降低。因此，如果运营者想要让自己的作品获得系统推荐，以获得更高的播放量，那么发布原创内容才是更好的选择。

目前，抖音的推荐算法已经十分成熟。系统在审核过程中能将视频还原为一帧一帧的图片，并辨别图片中的内容是否符合规定，这一识别技术的准确率已经高达 99.5%。因此，运营者切记不要存在任何侥幸心理。

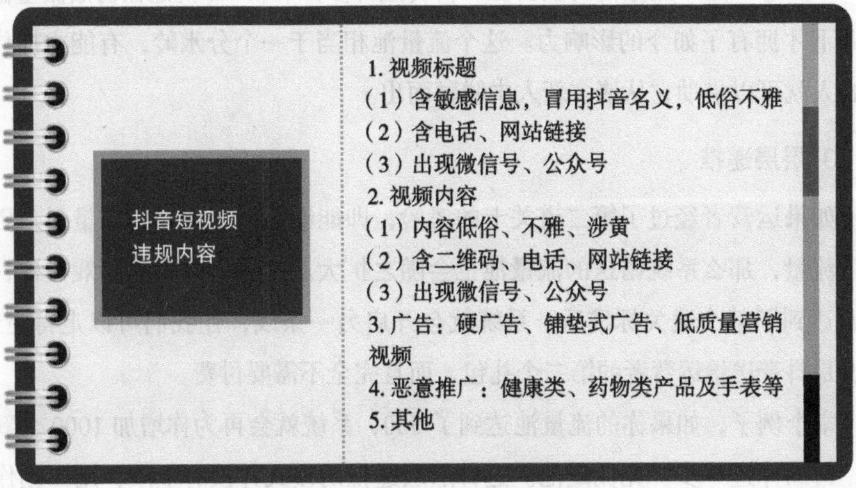

图 1-7　抖音短视频违规内容

（2）人工审核

系统审核短视频的效率高，但准确程度还是比不上人工审核。人工审核需要承担复审的职责，既要对那些被盖上疑似违规印章的短视频进行二次检测以确定其是否违规，也要对那些虽然没有被系统标注出来但存在违规风险的短视频进行相应的处理。

2. 流量池

流量池是许多运营者入驻抖音的主要原因。假设有两个培训机构，第一个培训机构需要付费才能进入，但承诺学习结束之后一定可以获得某些效果；第二个培训机构则没有设置任何进入门槛，甚至提供了一些机会让你可以免费学习，但不保证最终的结果。抖音就属于后者，它非常适合那些名气不大但的确非常有才华的草根创作者，这正是抖音迅速发展起来的重要原因。

在不做付费推广的前提下，抖音提供给大部分运营者的机会都是比较公平的。如果用户的短视频经双重审核通过，就会得到系统发放的第一个礼包——包含约 300 名用户的流量池。这个池子大吗？与那些播放量高达好几百万的短视频相比，当然不算大，但对有能力的新人来说已经足够了。

不要忽视这个流量池的重要性，抖音上许多知名 KOL 就是在初始流量池的帮助下才拥有了如今的影响力。这个流量池相当于一个分水岭，有能力抓住机会的人就可以借助它从诸多新人中脱颖而出。

3. 层层递推

如果运营者经过了第二道关卡的考验，即能够凭借短视频的质量引来更多的新流量，那么系统赠送的流量池也会随之扩大。就像玩闯关类游戏一样，当我们达到了某个通关标准后，系统就会开启另一条线，让我们可以走得更远。这也是抖音送给运营者的第二个礼包，而且完全不需要付费。

举个例子，如果你的流量池达到了 500，系统就会再为你增加 1000 个新流量，帮助你进一步扩充流量池。这种层层递推的模式并没有上限，用户创作的短视频质量越高，获得的奖励就越丰厚，这也是对运营者的一种激励。

4. 时间效应

什么是时间效应？我们用一个例子来说明：你在某段时期内上传了几条短视频，但没什么热度，各项数据也没有上涨的趋势。但在某一天，原本反响平平的短视频却忽然获得推荐，播放量、评论量等飞速上升，这时候运营者或许会产生一种既惊喜又迷惑的复杂感情。

这就是时间效应，但运营者并不能掌握它，因为短视频是否会突然走红具有较强的不可预测性。运营者可以关注时间效应，但不应该在这个方面投入过多的精力。

1.5 内容特征：更喜欢爆款而不是雨露均沾

拥有庞大流量池的抖音就像一个散发着金光的宝藏，吸引了许多优秀的运营者，其中不乏人气爆棚、粉丝众多的 KOL。

运营者很重视平台的内容特征，这就好像如果老师在考试前给学生划了重点，那么学生准备考试的时候自然可以轻松一些。抖音尽可能为运营者创造一个公平竞争的环境，但它本身也是有一定的内容偏好的。抖音更喜欢具备哪些特征的内容呢？

被抖音层层推荐而成为爆款的短视频，其实恰好从侧面反映了平台的内容偏好。爆款短视频的内容原创性通常很强，立意也很明确。那些即便侥幸躲过审查机制却仍然无法获得推荐的短视频很有可能是因为存在下列两种情况：一是主题模糊，对用户而言没有多少观赏价值；二是模仿他人的创意，一个十几秒的短视频就有好几个爆款短视频的影子（见图 1-8）。

图 1-8　难以获得平台推荐的两类短视频

并不是说运营者不可以借鉴爆款短视频的创意，但一定要有所创新，否则就会导致整个平台的内容创作生态恶化。而且，那些模仿爆款的短视频，有些虽然也能获得热度，但肯定比不上原创作品。

为什么抖音如此重视对原创内容的保护，严格禁止直接搬运的行为？下面简单分析背后的原因，如图 1-9 所示。

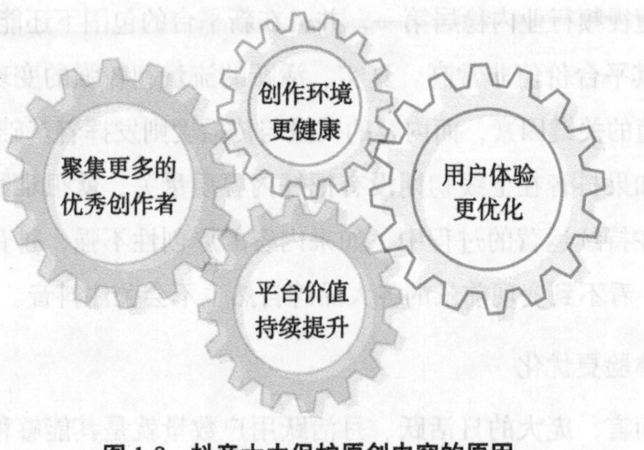

图 1-9　抖音大力保护原创内容的原因

1. 聚集更多的优秀创作者

缺少了创作者的支持，内容型平台不仅无法获得长远的发展，就连存活都很困难。因此，平台必须聚集更多的创作者，尽可能留住其中的佼佼者。创作者虽然对打造原创内容很有热情，但不会留在一个机会不平等、保障不全面的平台上，而抖音针对这几点都给出了合理的解决方案。

抖音推崇去中心化，实施双重审核。如果抖音用户的原创作品出现在其他平台上，抖音会根据实际情况进行维权。尽管还有许多需要完善的地方，但抖音已经在运营理念和制度上为创作者提供了有效的保护。

2. 创作环境更健康

假如平台对搬运、抄袭现象不加以管制的话，原创者的创意就会被随意盗用，这会导致其创作收益和流量都被他人瓜分。长此以往，抄袭的人尝到了甜头，既不用费力琢磨内容也不会受到什么惩戒，还可以更快速地涨粉、引流，又有谁会在这种不健康的环境中坚持创作呢？

抖音不仅会对抖音平台上搬运、抄袭他人作品的行为进行处理（例如，对相关账号、作品进行降权等）；还会对其他平台搬运抖音短视频的行为发起维权。这些措施有效地保障了抖音平台上广大运营者的权益，为他们提供了一个更加健康的创作环境。

3. 平台价值持续提升

抖音在短视频行业内稳居第一，并且在新平台的包围下还能保持迅猛发展，主要是因为其平台价值非常高。真实、活跃的流量和较强的变现能力都是影响抖音平台价值的关键因素，而内容的质量与传播度则发挥着基础性的作用。

试想，如果抖音在上线初期没有把好内容质量关，就很难留下最开始的那一批用户。在持续运营的过程中，如果内容的原创性不强，抖音的内容输出能力也会降低，看不到变现前景的各大品牌自然也不会关注抖音。

4. 用户体验更优化

对抖音而言，庞大的日活跃、月活跃用户数量就是其能够稳定运营、持续获利的核心原因。用户的社交互动、对短视频的传播等能为抖音不断地注入新的生命力，但前提是他们对平台有足够的黏性。抖音推荐的短视频好看、有趣，并且正好符合用户的偏好，用户就会对其产生兴趣，继续留在这个平台上。

用户能够在抖音上停留多久、是否愿意与其他用户进行互动，就要看抖音能否继续把控短视频的内容质量，优化用户体验。假如用户一连刷到好几条劣质的短视频，要么广告味过重，要么创意不足，用户就会慢慢失去对平台的信任，平台价值自然也会随之降低。

【案例】从《2019 抖音数据报告》中可以读出什么

自抖音正式上线后，其运营人员每年都会对外公布一份数据报告。这份报告一方面能够帮助抖音进行自我总结，另一方面也能告诉外界抖音的发展情况。下面对《2019 抖音数据报告》进行解读。

在分析具体的数据之前，我们先要明确两点：要想做好数据分析，就一定要系统地看待各项数据，而不能只关注某一项或几项数据；在分析的过程中既要看到过去，也要关注未来。

抖音的年度数据报告十分详细，我们从中选出了一些比较基础但又具有重要意义的数据，如图 1-10 所示。

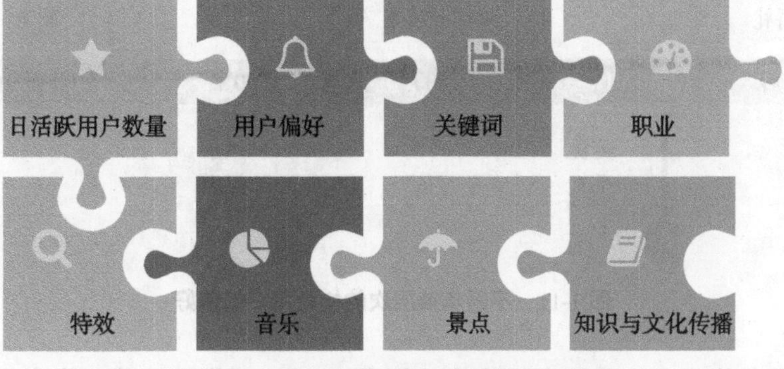

图 1-10　抖音年度数据报告中的重要数据

1. 日活跃用户数量

所有的互联网公司都非常重视日活跃用户数量，因为这项数据能直接反映产品的运营状态及生命周期。对比2019年和2018年的数据，我们可以发现，抖音在2018年只有3000万日活跃用户，但这一数字在2019年初期就已经飙升至2.5亿了。

随着时间的推移，抖音的用户规模仍在持续扩大。2020年1月，抖音的日活跃用户数量实现了新的突破——达到了4亿。从千万到亿，这在纸面上或许只是一个数量单位的改变，但把它放到产品运营的场景中，我们就能够感受到抖音十分惊人的发展速度了。伴随着日活跃用户数量的迅猛增长，抖音聚集的流量也在大幅度增加。在这个流量可以直接与利润挂钩的时代，只要抖音继续保持这种增长趋势，至少在很长一段时间内，其领头羊的地位都很难被撼动。

2. 用户偏好

《2019抖音数据报告》主要以年龄层次与兴趣爱好相结合的方式展示用户偏好。抖音的主力用户是20~35岁的人，但该报告尽可能分析了各个年龄层次的用户的偏好（见图1-11）。

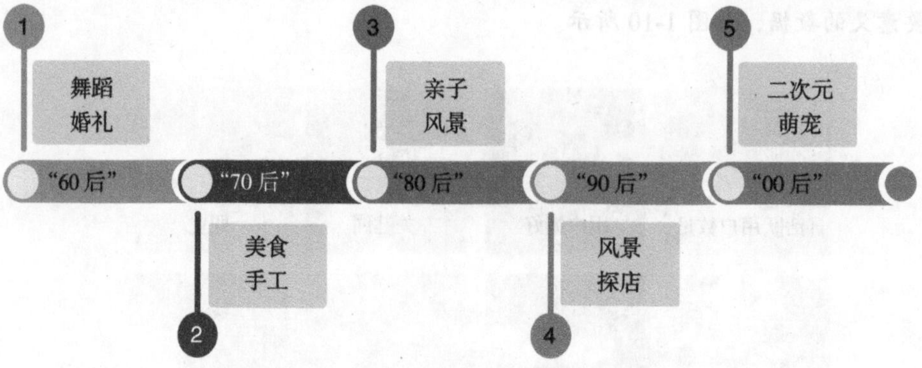

图1-11　不同年龄层次的抖音用户的偏好

不同年龄层次的人拥有不同的兴趣爱好。"60后"已经步入老年，他们对新潮事物的接受能力相对来说会差一些，他们更喜欢那些具有时代感的内容，更喜欢通过抖音来怀旧。"80后"大多已经有了自己的家庭，而且孩子的年龄不算很大，他们更喜欢在抖音上观看亲子类短视频。新一代的“00后”的内容偏好则与前两个群体有很大的不同。从总体上来说，抖音基本上能够满足不同年龄层次的用户的需求。

3. 关键词

根据抖音的统计，2019年有许多人都通过抖音表达了自己的心情，其中最具有代表性的关键词包括出现次数超过3000万的“加油”、出现次数超过600万的“打拼”以及许多漂泊在外的游子的心声“想家”。此外，抖音用户还用实际行动呼应了抖音的口号——“记录美好生活”，有不少人将自己人生中非常重要的时刻通过短视频记录下来并发到抖音上，如结婚、毕业的情景等。这些内容让抖音存在的意义得到了升华。

4. 职业

抖音就像现实世界的缩影，里面有身份各不相同的用户，不同职业的人们出现在各式各样的短视频中。无论短视频内容以何种手法呈现、想要传递什么样的情感，其涉及的丰富多样的职业都使抖音变得更有生活气息。

在这里，职业没有高低贵贱之分。无论是获得最多点赞的教师，还是为我们的日常生活提供无数便利的环卫工人，或者是保护城市安全的消防员，他们都能通过抖音将自己的工作风采展示出来，使更多的人可以了解这些职业背后的苦与乐。

5. 特效

在某段时间内，抖音的变老特效曾经非常火爆。你可以在抖音中看到一张张在特效作用下逐渐老去的面容，其中有中年人也有年轻人，这类短视频的传播范围十分广泛，甚至跨界传播到了其他类型的平台中。据统计，2019年使用该特效的短视频达到了300多万个，播放量达到了10亿次。此外，抖音还有许多其他的创意特效，如与变老特效作用相反的返老还童特效、怀旧感极强的时光流逝特效等。

抖音的特效也是其知名度如此之高的重要原因之一。有些平台的运营者会在获得原创者授权的前提下将含有某些特效的短视频搬运过去，这样就能引来新的流量。不少用户都会向好友分享含有特效的热门短视频，这种自发传播对平台来说是非常有价值的。

6. 音乐

在打造火爆、“魔性”的音乐方面，抖音是一把好手。抖音统计得出的音乐排行榜的前三名是《你笑起来真好看》《答案》和《芒种》，而《野狼 disco》和《心如止水》等很受欢迎的音乐也同样名列前茅。其中，排名第一的《你笑起来真好看》在最火爆的时期可谓达到了疯狂刷屏的程度，使用它的短视频内容多种多样，包括手势舞、美食、舞蹈、剧情表演等。

虽然不乏“这首歌太洗脑”“听太多遍了，觉得好烦”这样的声音，但我们不得不承认，这种使用频率极高、传播范围极广的音乐给抖音带来了极高的热度。音乐是抖音不能放弃的核心优势，也是其强大竞争力的主要来源之一。

7. 景点

有人戏称，虽然自己非常“宅”，没有去过多少地方，但已经在抖音上逛了遍布全球的很多景点。在国内景点中，荣登播放量榜首的是西安的大唐不夜城，其次就是大人、孩子都非常喜爱的上海迪士尼乐园。这两个景点能排在榜单前列是有理由的，光是迪士尼乐园的烟花，我们就可以搜出一整天都看不完的短视频，更不要说其他更新奇的内容了。

抖音是浓缩版的世界，自然也少不了国外的流行景点，如曼谷、大阪、洛杉矶等。抖音用户可以足不出户进行“云旅游”，有的用户看到别人发布的旅游短视频，马上收拾行李飞到自己想去的地方进行“打卡”。从这个角度来说，抖音带动了旅游行业的发展，创造了新的商机。

8. 知识与文化传播

不要轻易为抖音下定义，抖音不仅是一个追逐流行趋势的平台，也是一个能够有效传播知识和文化的平台，其中不乏京剧、舞狮、越剧等非物质文化（见图 1-12）。这些文化是非常珍贵的，而抖音能够通过一种更受欢迎的方式让更多的人看到它们、喜爱它们。国家级非遗项目相关短视频的点赞总量超过了33亿。另外，科普、教育类短视频在抖音上也很受欢迎，包括计算机操作技巧、语言教育等。

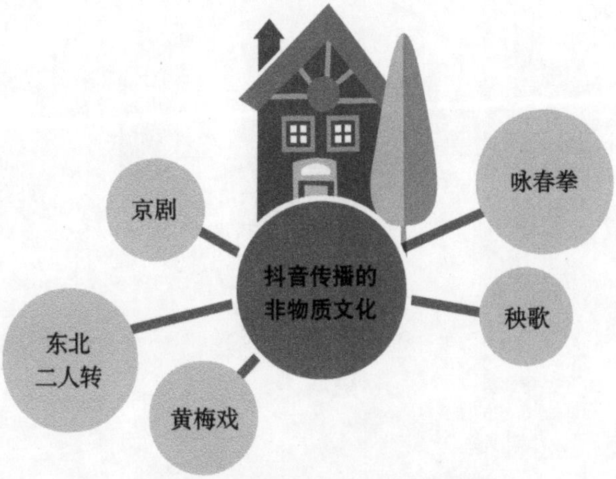

图1-12　抖音传播的非物质文化

通过抖音的年度数据报告，我们可以看出抖音是一个很不简单的平台，因为它既有创业者的雄心，也有保护珍贵文化遗产的意识，既能让年轻人找到乐趣，也能让中老年人的生活变得更加充实。

第 2 章

明确定位：找到更容易获得成功的运营方向

一个人只有找准自己的定位才能发展得更快、更稳，运营抖音账号也是如此。账号定位越精准，就越有可能在激烈的竞争中获得成功。然而，这并不是一件容易的事情。为了吸引更多的用户，运营者必须让自己的账号具有足够多的差异性，并且最好将目光锁定于垂直领域。此外，对用户进行定位、对竞品进行分析也是运营者必须掌握的基本技能。

2.1 基本原则：当下抖音账号的蓝海在垂直领域

在抖音发展早期，运营者的施展空间还是比较大的。在抖音用户数量发生爆炸式增长之后，想要像之前那样在短期内爆红，恐怕就有些困难了。不过，抖音拥有不少独特的优势，现在想要在抖音上试一试、谋发展的人和团队仍然不少。运营者一定要深入分析抖音的平台特点与发展趋势，确定自己想要以什么样的姿态生存下来。

进入抖音的第一步是什么？先建立一个账号，然后发布自己的第一条短视频吗？这个顺序并没有什么问题，但运营者在做这些工作之前，一定要对账号做一个清晰、合理的规划。简单来说，运营者要明确自己想做什么方向的内容。这就涉及近年来在短视频行业中格外热门的一个概念——垂直领域。

何谓垂直领域？垂直领域就是一个非常细小的领域。例如，如果你想做一个美食类账号，那么你可以选择探店、试吃或自创菜谱，这些都是细分领域。打个比方来说，一个花瓶里最好只放一个品种的花，最好不要将不同品种的花混合放到一个花瓶里。我们为什么要这么做呢？抖音账号做垂直内容又能得到什么好处呢？具体理由如图 2-1 所示。

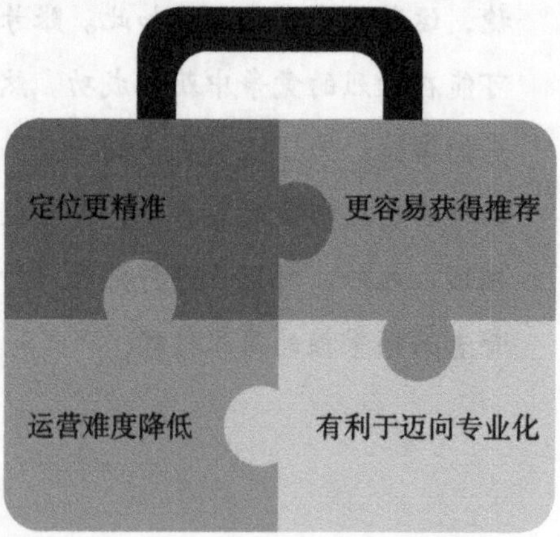

图 2-1　抖音账号做垂直内容的原因

（1）定位更精准

在召开一场会议之前，我们首先要确定参会者的数量、身份等，然后才能做相应的准备。同理，运营者也要在为自己的账号贴标签之前，先明确自己面向的是哪一类用户。例如，如果你想做游戏类账号，那么你面向的肯定是游戏玩家。当然，这只是一个最基础的定位，后续还要进一步细化。

运营者要想在发展初期走得更加平稳，就要在做垂直内容的基础上让用户画像尽可能精准一些。

（2）更容易获得推荐

前文简单介绍过抖音的推荐机制，如果运营者希望自己的短视频能被更多的抖音用户看到，那么一方面要做好内容，另一方面要精心地选择贴在账号上的标签。

如果只专注于单一领域，账号标签的指向性就会比较明确，内容也更容易获得推荐；如果运营者在初期没有做出合理的规划，账号标签就很有可能会变得五花八门，内容获得推荐的概率就会降低。有些账号同时拥有五六种标签，其运营者或许抱着每个方向都想试一下的心态，目的是测试不同类型的短视频的受欢迎程度。不过，至少在抖音这个平台上，这并不是什么好方法，这样做反而会使账号的权重降低。

（3）运营难度降低

某些运营者拥有雄心壮志，打算通过抖音带货或者自建品牌，但无论目的是什么，选择非垂直领域都会使运营难度大幅度增加。这个道理不难理解，我们可以打个比方进行说明：A 农场只种植一种农作物，而 B 农场不仅种植多种农作物，还饲养牛、羊。两相对比之下，不管农场负责人的能力有多强，长期经营的话，后一种运营模式定会令人感到疲惫，同时也会耗费更多的管理成本。

即便我们不考虑得那么长远，只考虑初期的运营，如果既要做美食，又要做游戏，还要做服饰，那么结果很可能是：内容质量持续下降，为了保证输出频率，只能借鉴他人的创意；粉丝受到吸引，打算关注账号，但发现主页中的内容十分繁杂，结果粉丝很快流失（见图 2-2）。因此，无论从哪个角度来考虑，垂直领域都是更好的选择。

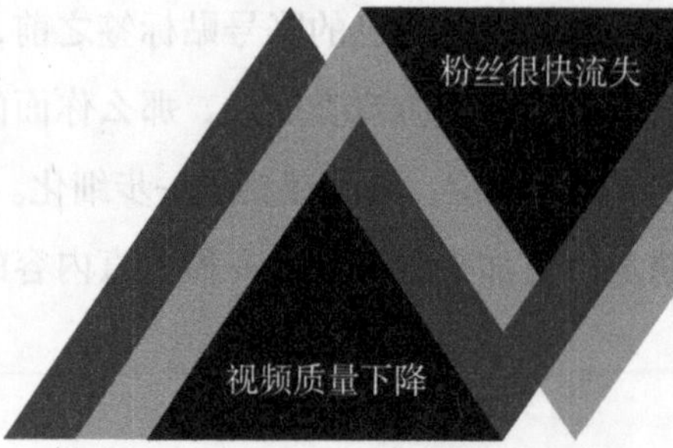

图 2-2 选择非垂直领域的结果

（4）有利于迈向专业化

某些歌手偶尔会在电视剧里客串一些角色，有时候也会展示自己的厨艺或其他特长，但他们最拿手、最专业的还是唱歌。当然，世界上确实有在很多方面都能做到极致的人，但这样的人毕竟是极少数。很多新手在刚进入某个领域的时候往往会有一种力不从心的感觉，不过时间长了就能慢慢摸到其中的窍门。如果运营者同时开发多个领域，一来需要耗费更多的时间，二来很难把其中的任何一个领域做得很出色。

当前，大多数在抖音上名气较高的 KOL 所采用的发展思路都是专注于垂直领域。例如，专注于创意类美食教学短视频的“贫穷料理”和专门发布萌宠类短视频的“会说话的刘二豆”都没有把精力分散到其他领域中。

在选择垂直领域时，运营者不能完全根据个人的喜好来做决定，而要遵循一定的原则，如图 2-3 所示。

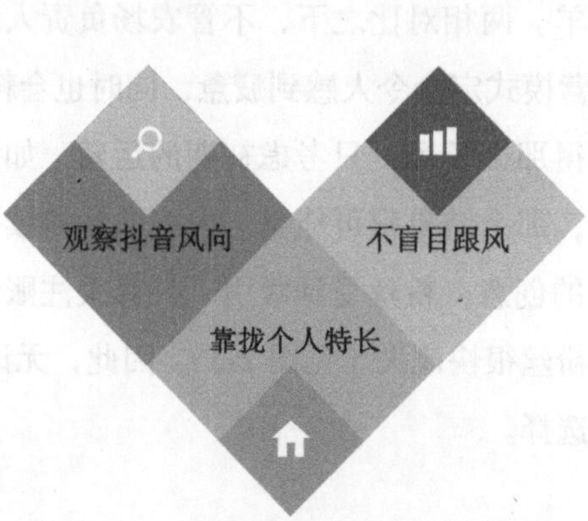

图 2-3 选择垂直领域时应遵循的原则

（1）观察抖音风向

既然想要入驻抖音，那就必须事先了解抖音目前的潮流是什么，大多数用户喜欢哪些方面的内容。在抖音上，比较容易上热门的是搞笑类、美妆类和生活类短视频，偏冷门的题材不太适合运营经验少的新手，但这也不是绝对的。对抖音整体风向进行观察，做一下参考还是很有必要的，但这并不意味着运营者必须在热门内容类型中进行选择或者必须跟随别人的步伐。

（2）靠拢个人特长

在对抖音风向有充分了解的基础上，运营者要认真思考一下自己擅长什么。例如，非常有做饭的天赋、在饲养宠物方面经验较多都可以是选择某垂直领域的依据。如果运营者并没有什么特长或者占优势的技能，也不要因此而感到沮丧。运营者可以想一想自己对哪个领域比较感兴趣，毕竟有热情才能将内容做得更好。

（3）不盲目跟风

在这个时代，每一分钟都有可能出现新的热点，运营者一定要保证自己的头脑足够清醒，不要今天看到某种宠物进入热门榜就脑袋一热也决定去做宠物类短视频，这并不是理智的行为。能够进入热门榜的内容虽然一定有独特之处，但不一定适合所有运营者，也不能保证热度的持续性。

2.2 类型差异：个人号与企业号从定位开始便有本质不同

现在的抖音上有许多我们非常熟悉的品牌，同时也有越来越多的中小型企业纷纷入驻抖音并注册企业号。与个人号相比，企业号有哪些不同？我们在注册账号的时候应该如何选择呢？

抖音于 2019 年正式推出了企业号注册服务，企业号在抖音中的存在感开始日益增强。对于个人号与企业号的区别，许多人的认知依然停留在比较粗浅的层面上，如申请主体不同、申请流程的复杂程度不同等，并没有考虑到比较基础的定位问题。

我们先看在抖音号中占比更高的个人号，做个人号没有什么太高的门槛，暂且不提运营是否顺利，单说申请注册条件，标准基本上已经放到最低了。虽然有些个人号在发展成熟之后会向其他方向转变，如加入其他团队或分流给次账号等，但它们一开始还是带着做自媒体的目的而来的。在确定个人号的定位之前，有经验的运营者通常会问自己几个问题，如图 2-4 所示。

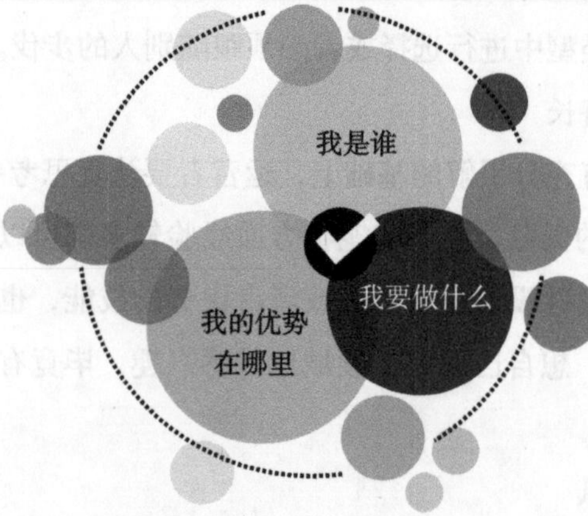

图 2-4　确定个人号的定位之前要问自己的几个问题

（1）我是谁

运营者要将自己放在抖音的运营场景中，进入自己的角色。有些抖音用户在一开始只是一个普通用户或者某个细分领域的爱好者，但在决定要做个人号之后，他们就要以自媒体人的身份去运营账号，因此视角也要变得更加开阔。

（2）我要做什么

想一想，那些火速成长起来的抖音 KOL 是不是都在走垂直运营的路线？你应该很少看到粉丝数量庞大的账号主页中出现五花八门的内容，即便这些内容在形式上有许多创新，但其主题依然会指向同一个方向。准备做个人号的运营者必须针对这个问题给出自己的答案，因为答案的准确程度通常决定了个人号能否获得持续的发展。

（3）我的优势在哪里

找优势实质上就是分析自己和其他人在定位方面有什么不同，毕竟在个人号数量暴增的时期，千篇一律的内容并不能让用户产生新鲜感，只有保持某种独特性才能吸引更多用户的目光。因此，思考个人优势这一环节也应该放在注册账号之前。

注册个人号的目的往往比较简单。有些人只是单纯地觉得做个人号比较轻松，所以抱着试试看的心态注册个人号；有些人则希望通过做个人号来获得更多粉丝的认可，让自己获得成就感；还有一部分人是因为看到很多人享受了短视频行业发展的红利，自己也想通过个人号进行内容创作，进而完成变现。拥有这几种心理的人都是很常见的。

企业号与个人号最明显的区别就是企业号有账号认证标志。另外，申请企业号所需提交的材料较多、审核的时间也较长。企业号运营起来比较复杂，不适合那些没有运营经验的人。确定企业号的定位时需要考虑诸多要素，具体如图 2-5 所示。

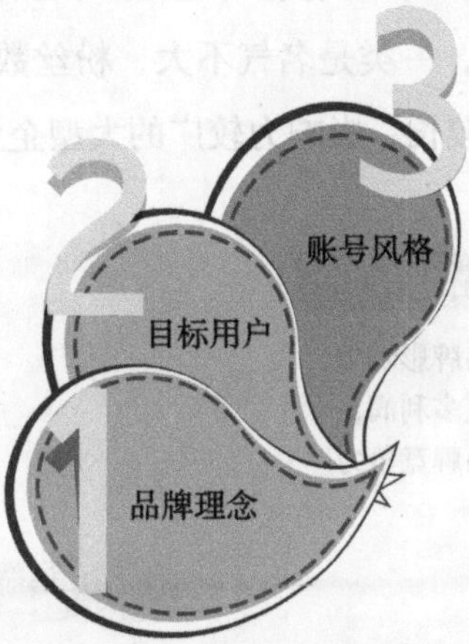

图 2-5　确定企业号的定位时需要考虑的因素

（1）品牌理念

企业号需要向广大用户清晰地传递自己的品牌理念，而品牌理念是影响用户对企业印象的重要因素。大多数企业的品牌理念都是积极的，企业号的定位要与品牌理念很好地结合起来，这样才能使企业号及企业的形象变得更加立体。

（2）目标用户

企业入驻抖音并不是为了抢占蓝 V 标志，企业应该重点思考自己面向的用户群体具有哪些特点、是否具备运营价值等问题。原本以线下为主战场的企业转战线上并不是一件容易的事，以中老年人群为主要客户的企业更要好好地思考这个问题。

明确了企业号的受众，企业才能了解用户的真正需求，才不会将所有用户都视为服务对象，才能高效地进行价值开发。

（3）账号风格

企业号绝对不能给用户这样的感觉：与用户距离很远，除了自己向用户提供产品或服务、用户向自己付费以外，与用户再无其他关系。就连支付宝、海尔这样的知名品牌，在抖音上都不会保持“高冷”的形象，而会通过各种方式拉近自己与用户之间的距离。在为企业号选择风格时，企业一定要进行全面的考虑，这样才能找到最适合自己的运营路线。

至于企业入驻抖音的目的，我们要从企业类型的角度进行分析。这里所说的企业类型主要分为两类，一类是名气不大、粉丝数量不多的中小型企业，另一类是在行业中发展时间较长、影响力较广的大型企业，如图 2-6 所示。

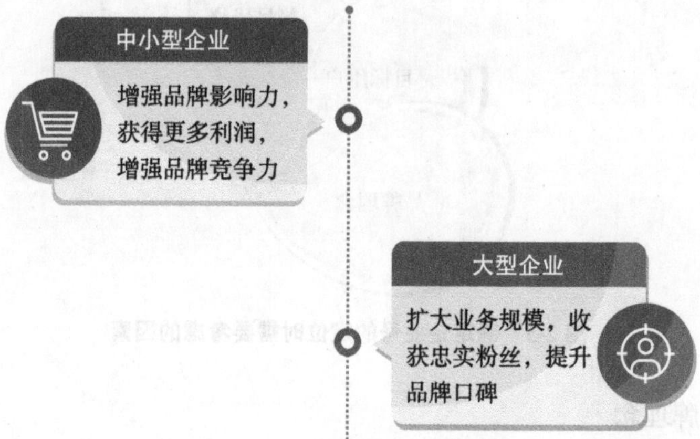
中小型企业
增强品牌影响力，
获得更多利润，
增强品牌竞争力
大型企业
扩大业务规模，收
获忠实粉丝，提升
品牌口碑

图 2-6　企业号入驻抖音的目的

中小型企业入驻抖音的主要目的是让更多的人认识自己的品牌，并通过各种运营手段获利，增强品牌的竞争力；大型企业入驻抖音的主要目的是进一步扩大业务规模、提高变现效率，同时也有更深远的打算，如收获更多的忠实粉丝、提升品牌口碑等。相对而言，大型企业的考虑会更加全面。

2.3 受众定位：想要吸引何种人群直接决定账号气质

要想运营好一个抖音号，必须将每个细节都做到位。虽然在运营过程中偶尔也会出现一些预料之外的机会，但运营者不能因此将所有精力都放在这种碰运气的事情上，而要踏踏实实地做好每一项工作。其中，确定目标人群或者受众是一件非常重要的工作。

不管运营者打算只运营一个账号，还是想要联合团队成员同时运营多个账号，都要做到一点：每个账号针对某一特定的用户群体，不要试图把某个账号的内容变成大杂烩，除非这个账号的使命就是专门用来做相关的测试。

假设你是一个喜欢宠物的人，某天你偶尔看到了一条关于宠物行为语言的短视频，于是顺手关注了这个账号。然而，该账号的运营者在此之后却没有继续发布与宠物有关的短视频，而是发布了很多关于游戏、运动的短视频。在这类短视频的存在感愈发强烈的情况下，你还会继续关注这个账号吗？即便该账号的粉丝不对其进行取关操作，但从长远的角度来看，该账号的运营者也一定难以管理类型多样的粉丝，这对日后的变现十分不利。

运营者还要慎重考虑希望这个账号聚集哪些类型的用户。这就像开餐厅一样，假设你打算做西餐，那么你不仅要好好设计餐厅的外观与整体装饰风格，使其显得更加优雅、浪漫，还要在菜品定价、套餐类型等方面做出合理的规划。

简而言之，整个流程大概是这样的：运营者首先确定自己想要做哪个方面的内容，然后对目标群体进行精准定位，最后敲定账号的气质、特点，这几个步骤是环环相扣的。

举个例子，假设你打算做一个以美妆内容为主的账号，那么你的目标用户自然是年轻女性。当然，这只是一个最基础的定位。为了吸引这类用户，你自然会对账号内容、文案风格、拍摄方法等进行相应的调整，使其能够对目标用户更具诱惑力。当你在此基础上对账号做进一步的优化和调整的时候，你会发现这个账号的气质越发鲜明、独特了，对目标用户的吸引力更强了。随着用户群体的扩大，这个账号的魅力也会越来越强大。

整个运营过程其实就是这几个环节的反复循环，如果最初的循环不存在较大的阻碍，那么后续的循环一般都可以顺利地进行下去。在确定并逐渐优化受众定位的过程中，运营者还要注意图 2-7 所示的事项。

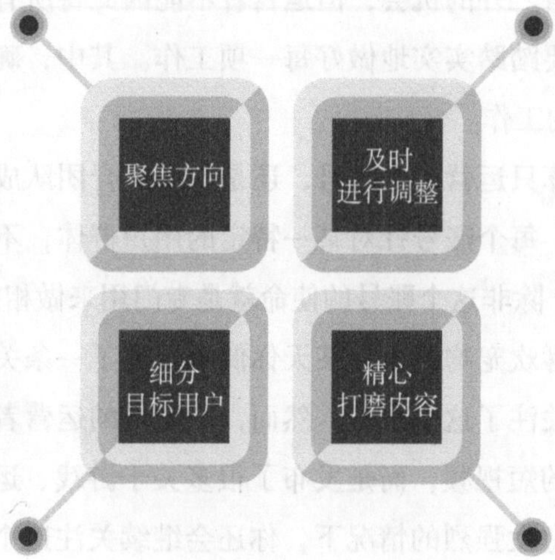

图 2-7　确定受众时的注意事项

1. 聚焦方向

我们一再强调，之所以要选择垂直领域，主要是因为这种运营方式是最适合当前的自媒体环境的，内容越垂直，账号针对的用户就越精准，运营者的发挥空间就越大。当然，有些人可能对自己的能力非常有信心，但以目前的整体环境而言，将手伸得太长、瞄准多个目标群体的运营者大都无法获得自己希望看到的结果。

运营者将拥有不同需求、特征的用户大量聚集在一个账号里，将其分为若干组别，定时输出内容，这是有可能做到的。但是，比起只服务某一类型的用户，在这种运营模式下用户的满意度显然不会太高，变现也就变得更加困难了。因此，受众的类型最好不要超过两种。对新手而言，只专注于某一类用户是最好的选择。

2. 细分目标用户

为什么确定了受众之后还要继续对其进行细分？细分的意义是什么？假设你是一个美食探店类账号的运营者，虽然这个垂直领域比较热门，同时也足够精准，但在创作内容时，你是不是也要有所偏重呢？有些用户喜欢看你去一些知名餐厅打卡，有些用户希望你多多推出一些关于地方特色小吃的测评视频，虽然他们都喜欢看美食探店类短视频，但也有不同的偏好。

这种情况十分常见，无论你选择进入哪个领域，用户的口味都不可能百分之百相同，此时你不能继续选择“专注”，即直接忽略一部分用户的需求。这种行为十分草率，因为用户群体不会一成不变，而你不能在每一次选择时都放弃一部分用户。因此，你要在细分的基础上掌握不同用户的需求。满足用户的个性化需求是所有运营者都要经历的考验。

3. 及时进行调整

有些新手由于经验不足，在前期进行内容定位时出现了种种问题。选择了错误的方向很可能会导致运营效果持续不佳，在这个时候，运营者要果断地做出调整（见图 2-8）。

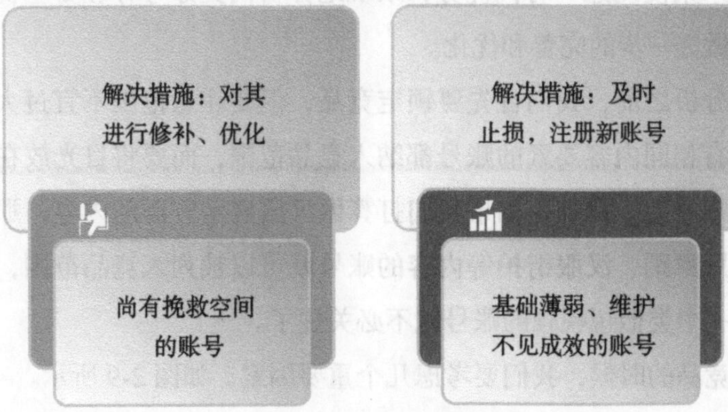
解决措施：对其
进行修补、优化
解决措施：及时
止损，注册新账号
尚有挽救空间
的账号
基础薄弱、维护
不见成效的账号

图 2-8　调整的措施

如果账号还有修补、优化的空间，运营者可以试着通过各种方式予以挽救；但如果前期的基础实在过于薄弱，继续维护也看不到什么成效，就要及时止损了。运营者一定要将眼光放长远，即便这个账号已经运营了一段时间，也没有必要坚持维护一个没什么潜力的账号，否则只是在无谓地消耗时间和成本而已。

4. 精心打磨内容

并不是所有做垂直内容的运营者都可以获得成功，既然针对的是垂直领域，运营者就必须对内容进行精心打磨，使其变得更加专业化。这里说的专业化并不是指内容的深度，而是指从配乐到剧情再到画面质感等都必须持续进步，不能始终在原地踏步。

2.4 竞品分析：系统地分析同类账号的优缺点

竞品分析这项工作也要放在正式运营之前完成。在没有打探好“敌方”情报的前提下，运营者贸然做出决定，一定会有很大的风险。古人云：“知己知彼，百战不殆。”虽然我们不能做到百分之百地了解竞争对手，但基础的了解必须要有，这样才能使自己在运营账号时占据优势。

信息的流通、技术的进步、用户观念的转变共同推动了短视频行业的发展，这也意味着会有更多的竞争者与我们争夺宝贵的资源。因此，运营者一定要充分运用信息采集便捷这一时代优势，系统地分析同类账号存在哪些优缺点，对自己的账号做进一步的完善和优化。

在开展分析之前，我们首先要锁定竞品，但要注意范围不宜过大。我们不必将所有拥有相同内容要素的账号都纳入竞品范围，而要将目光放在目标用户高度重合的账号上。例如，如果我们打算做汉服展示方面的内容，那么那些同样专注于汉服舞蹈、汉服街拍等内容的账号就可以被列入竞品范围，而那些只是偶尔发了一个类似短视频的账号就不必关注了。

在分析竞品的时候，我们要考虑几个重要因素，如图 2-9 所示。

1. 内容质量

既然与竞品同在抖音平台上，那么短视频的内容质量自然是竞品分析的重中之重。运营者在分析竞争对手的内容时，首先要看其主页中是否有爆款短视频，有的话数量是多少，然后逐个观看这些短视频，分析它们走红的原因。有的短视频成为爆款是因为蹭到了热点，有的则是因为创意巧妙，还有的是因为标题、文案发挥了关键作用。运营者既要挖掘其中值得参考、学习的地方，也要找到不足之处，例如，配乐与内容不太匹配，套用的情节比较老旧等。运营者要尽可能多看一些短视频，不能在简单浏览一两条短视频之后就贸然下结论。

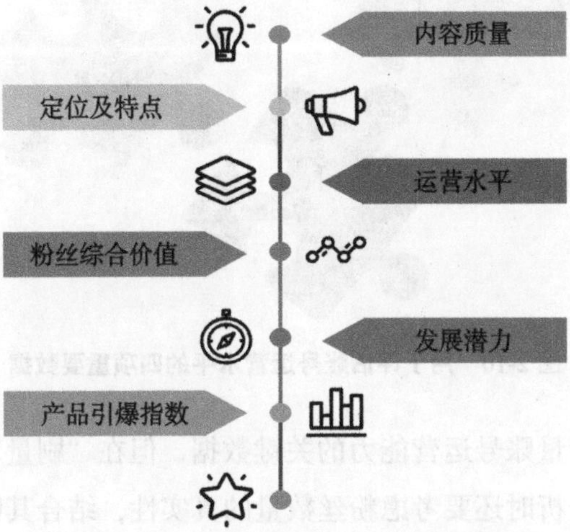

图 2-9　做竞品分析时要考虑的重要因素

2. 定位及特点

在竞争者众多的平台上，如何才能抢先一步吸引新用户？账号自身有无显著特点、定位是否具有独特性是关键所在。如果一个账号的定位没有任何差异性，而内容又不够突出，那么用户又有什么理由关注它呢？

运营者要分析竞品的定位，然后规划、调整自身账号的定位，避免出现定位过于相似的情况。评估竞品的定位优势时，我们可以从账号名称、内容布局、用户特点等角度切入。

3. 运营水平

账号的运营水平可以用各种数据来评价，我们可以通过各种正规渠道获取相关数据，其中比较重要的四项数据如图 2-10 所示。

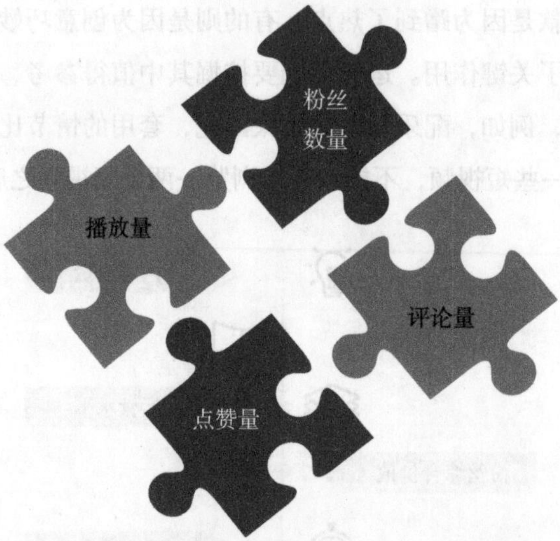

图 2-10　用于评估账号运营水平的四项重要数据

粉丝数量是衡量账号运营能力的关键数据，但在“刷量”行为屡禁不止的当下，运营者在分析时还要考虑粉丝数量的真实性，结合其账号运营时间及其他数据进行评估。短视频播放量、点赞量、评论量等数据虽然也存在造假的可能性，但运营者可以通过一些方法进行辨别，最直接的方法就是打开各项数据表现都比较好的短视频，看看短视频的质量是否与相关的数据匹配。

4. 粉丝综合价值

粉丝数量是决定粉丝综合价值（见图 2-11）的要素之一。一般来说，粉丝数量越多，账号的竞争能力越强、运营水平越高。影响粉丝综合价值的要素还包括粉丝忠诚度、粉丝付费能力、粉丝活跃度等。

运营者不仅要吸引新粉丝，还要留住老粉丝，不让他们跑到竞品那里去，这是一项更加困难的工作。从这个角度来说，粉丝黏性往往决定了账号的综合实力。此外，运营者还可以为竞品的粉丝绘制用户画像，评估其质量，并将竞品的目标用户与自己的目标用户进行对比。

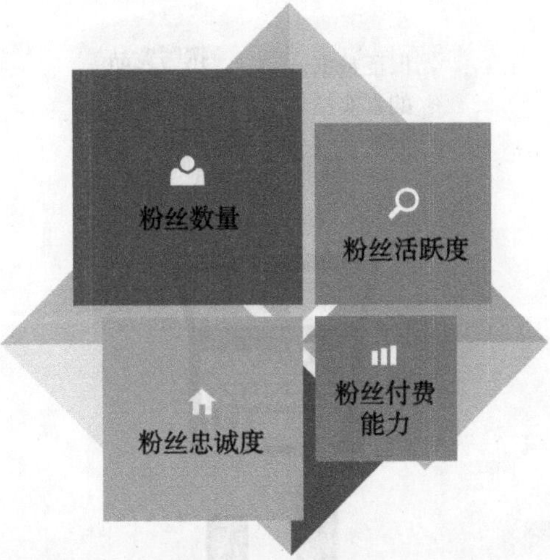

图 2-11　决定粉丝综合价值的几个要素

5. 发展潜力

评估竞品的发展潜力应该从哪些方面入手？到底是粉丝数量还是爆款短视频数量？这两个答案都是正确的，但都有些片面。我们可以按照时间线将竞品与自己的账号进行简单的比对。例如，我们看到某账号的粉丝数量是 50 万，这个规模虽然不小，但粉丝涨幅呈递减的趋势。此时，我们就不能说这个账号的发展潜力一定很大，还要结合其他数据进行判断。

6. 产品引爆指数

如果竞品是企业号或打算走自主带货模式的个人号，那么我们还要对其运营的产品进行分析。抖音是一个非常适合带货的平台，但前提是产品对用户有足够的吸引力，而且质量过硬。我们可以对产品的特点、热度、市场需求等进行评估，以此来推断其引爆指数。

除了以上比较基础、通用的因素，运营者在做竞品分析时还可以根据实际情况引入其他因素，并且要注意图 2-12 所示的事项。

图 2-12　做竞品分析时的注意事项

（1）保证数据的真实性。运营者要寻找可靠的数据来源，不能通过不合法、不合规的方式去收集数据。运营者还要具备一定的数据筛查能力，要有能力判断数据背后是否存在造假行为。

（2）讲求事实依据，避免主观臆断。做竞品分析一定要讲求事实依据，运营者可以有自己的判断，但不能全靠直觉或个人喜好得出结论。

（3）撰写竞品分析报告。运营者可以根据竞品对自身的威胁程度给所有竞品排序。对于重点竞品，运营者可以撰写详细的分析报告；对于其他竞品，列出分析要点即可。

运营者做完竞品分析以后，一定要反思自己的运营方案并做出相应的调整，这样才能让竞品分析为后续的运营工作创造价值。

2.5　基础设置：如何根据账号定位设置昵称、头像等内容

不少运营者在打造个人账号的过程中，只关注内容定位、方向规划等，对其他方面则很不重视。短视频的内容质量的确非常重要，但不要忘记，在这个竞争者数量远多于可获取资源数量的时期，运营者忽略任何一个与账号有关的细节，都有可能导致自己在竞争中落于下风。账号的基础信息就像一个人的穿

衣打扮，越有特色，就越容易吸引粉丝。

有人曾经在微博上问过这样一个问题：你觉得一个人的社交账号头像会影响你对这个人的第一印象吗？这个问题引起了广泛的讨论，持肯定态度的回复占据了较高的比例。试想，如果你由于工作原因需要加某人为好友，而对方的头像是非常黑暗、恐怖的风格，对方在你心里的印象分会不会降低一些？

账号相关内容在某些时候也承担着引导用户的任务。用户可能会同时关注许多账号，或被某条短视频吸引而想要去了解一下背后的运营者，这时账号主页的内容就为用户提供了一个指引，让用户能在很短的时间内判断出该账号的内容偏好和特色。

运营者需要精心设置账号相关内容，如图 2-13 所示。

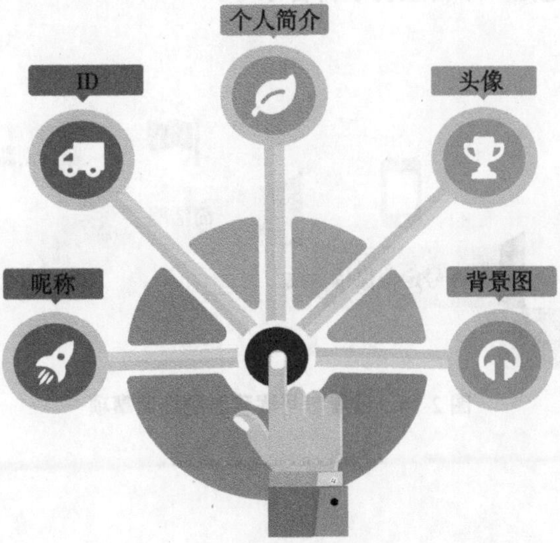

图 2-13　抖音账号相关内容

1. 昵称

账号昵称就像人的名字，先不说其是否好听，运营者首先要保证昵称好记。抖音的昵称是有字数上限的。总有一些运营者为了让账号看起来更加“高级”，试图在昵称里加入一些生僻字或专业性很强的名词。这些运营者的本意或许只是想要让用户感到自己非常专业，但产生的效果却恰恰相反，很多用户看到这种复杂难读的昵称就会果断离开。

刷抖音不像逛超市，用户没有那么多时间耐心地分析一个账号昵称背后的意义，或者特意去查找生僻字的读音。越简单好记的昵称，越容易吸引更多的粉丝。例如，“爱做饭的芋头 SAMA”就是一个很好的昵称，用户一眼就可以看出这是一个以展示厨艺为主的账号，也能判断出这个账号的主要风格。

虽然也有很多人会将自己的真实姓名作为账号昵称，但我们并不推荐新人这样做。首先，这样的昵称没有什么特点；其次，这类昵称与抖音的整体环境并不相符。虽说昵称可以修改，但最好还是一次确定下来。昵称要与账号定位保持一致，在保持简洁的基础上适当做一些创新即可（见图 2-14）。例如，“玩骨头的卢老师”这个昵称既便于称呼，也有一定的趣味性，还能让用户能结合其他信息判断出这是一个古生物学科普账号。

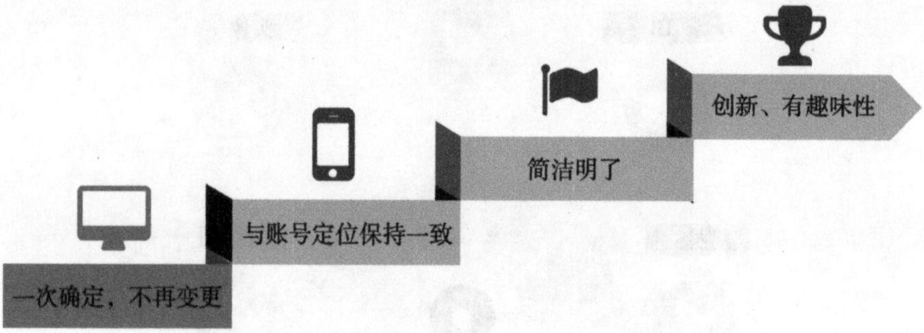

图 2-14　设置账号昵称时的注意事项

2. ID

与用户昵称不同，ID 在一般情况下是不能自行更改的。虽说很多用户并不是很关注 ID，但 ID 毕竟是搜索账号的渠道之一，运营者不能随随便便设置一个 ID。

抖音规定 ID 不能使用中文字符，所以大多数运营者都会选择英文与数字相结合的方式来设置 ID。有些运营者将昵称与自己的生日结合起来作为 ID，也有运营者直接将自己的生日作为 ID，这样设置都是没有问题的。不过，运营者还是要保证 ID 比较好记，这样做更有利于引流。

3. 个人简介

用户进入账号主页后，可以在显眼的位置看到个人简介。千万不要低估个人简介的重要性，好的个人简介对账号运营发挥着积极的作用。打个比方，我们在某些集体活动里要做自我介绍，如果自我介绍的内容比较平淡，我们就很难被他人记住，能够给他人留下深刻印象的往往是那些有趣易懂的自我介绍。

在设置个人简介时，运营者要考虑账号定位。例如，抖音账号“荒野求生技能”的个人简介是“记录我的日常生活在野外”这样一句简单的话，这个账号从昵称到签名风格都很一致，用户可以迅速了解该账号主推的内容。

此外，有些运营者希望通过抖音为其他平台引流，所以会在个人简介中添加其他社交媒体账号。一般来说，在粉丝数量达到一定的水平时，很多运营者都会这样做。不过，运营者要注意别违反抖音平台的规则。

当然，还有一些人不想走常规路线，而是用一些新颖有趣的句子来吸引用户。例如，papi 酱的个人简介就是她那句流传甚广的台词：“一个集美貌与才华于一身的女子。”现在，像这类创意十足的简介在抖音上越来越常见，这在某种程度上也反映了用户口味的改变。

4. 头像

事实证明，图片往往比文字更具视觉冲击力。许多用户在进入账号主页的第一时间往往会将注意力集中在头像上。企业号的头像一般是品牌 Logo 或某些标志物，个人号在头像方面的发挥空间则会大上许多，基本上没有什么限制（见图 2-15）。

不少“颜值博主”会直接将自己的照片作为头像，某些昵称含有“老师”等关键词的账号大多将博主穿着职业装的照片作为头像。运营者可以自由选择拍摄角度、表情等，不过一定要保证照片的清晰度与亮度。照片不清楚、色调过于黯淡的话，就很难在吸引粉丝方面发挥作用。

不放个人照片，将其他图片作为头像的账号也有很多。有些运营者会请专业团队设计一些图案，还有人会自己拍摄照片并将其作为头像。例如，很多美食类账号的头像一般是看上去就十分美味的食物，很多宠物类账号则会将宠物的照片作为头像。此外，还有一些人选择走简洁路线，直接将昵称文字作为头像，或者对昵称文字稍加修饰后将其作为头像，这样做也是可以的。

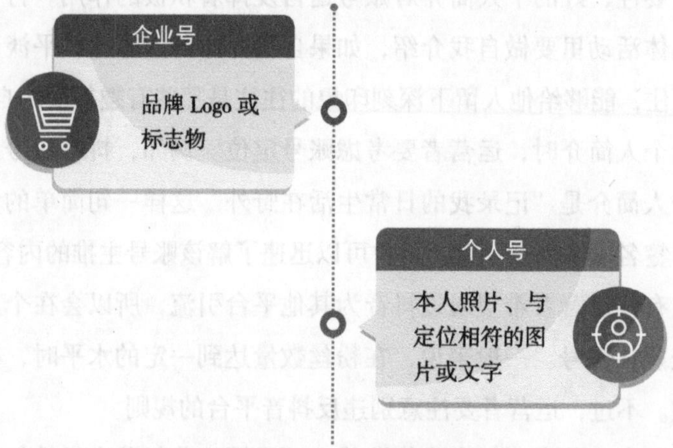

图 2-15　抖音头像的设置

5. 背景图

背景图的面积比头像更大，视觉冲击力也更强，运营者一定要利用好背景图。如果采用纯图片的形式，就要注意构图、色彩等。很多人会在背景图上加一些文字，有的是品牌名称，有的是“我看看是谁又来偷看我”这样的俏皮话。如果采用图片加文字的形式，就要注意手机尺寸与图片规格的问题，避免发生文字被遮挡的情况。

别看这些设置很基础，但它们组合起来却可以发挥很大的作用，给用户留下更加深刻的第一印象。重视细节的运营者往往可以获得更多的机会。

【案例】想在抖音上做北京本地美食号，应该如何做竞品分析

前文已经介绍了做竞品分析的相关知识，下面我们以一个准备做北京本地美食号的运营者的视角，详细分析一下在实战中应该考虑哪些方面，分析哪些数据。

现在，美食在抖音上是非常热门的版块，所以我们在做竞品分析时要考虑

得更加全面，具体步骤如图 2-16 所示。

图 2-16　针对北京本地美食号做竞品分析的步骤

1. 确定竞品范围

并不是所有包含美食关键词的账号都是竞品，我们要将范围缩小到专注于北京本地美食的账号。竞品数量并非越多越好，为了保证分析结果的准确性与可操作性，我们要聚焦于价值较高的竞品账号。

在选择竞品时，我们需要注意图 2-17 所示的几个因素。

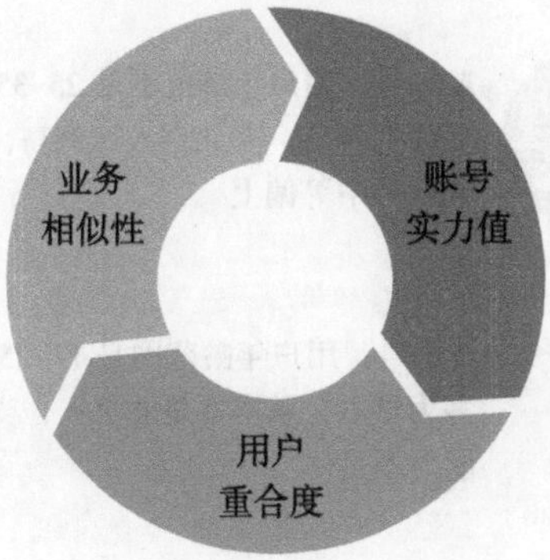

图 2-17　选择竞品时要注意的因素

（1）业务相似性

在筛选关键词时，“北京”这两个字可以筛掉一大批账号，“美食”也可以将列表的长度变得更短一些。至于剩下的那些符合条件的账号，还要看其内容与我们打算要做的内容的相似性有多高。例如，假设我们想做美食探店类的内容，那么教用户怎么做北京特色菜的账号就可以筛掉了。

（2）用户重合度

如果某些账号的目标用户与我们的目标用户的重合度较高，我们就要将这些账号作为重点分析对象，因为它们属于直接竞品。当然，也会存在目标用户部分重合的情况。例如，某些账号针对的主要是年轻女性，而我们的目标用户则是年轻人，双方主打的内容差不多，这时也可以把这些账号归入竞品。

（3）账号实力值

在敲定最终的竞品名单之前，我们还要运用适当的方法评估竞品账号的实力，然后进行排名。我们做竞品分析的目的是让自己的账号变得更好，那些排名垫底、实力不强的账号并没有太大的分析价值，我们不必浪费时间分析这些账号。

2. 分析用户画像

挑选出要分析的竞品之后，我们要分析一下竞品的用户画像（见图 2-18）。目前，我们只是打算做北京本地美食号，许多细节都还可以调整。我们一定要对竞品的目标用户进行深入分析，这有利于我们纠正目标和方向。

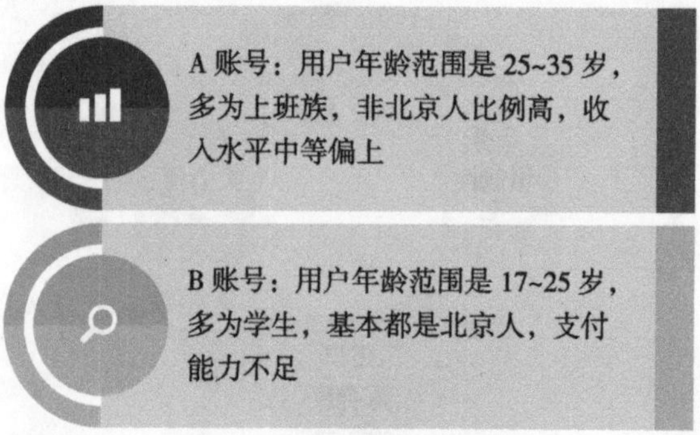
A 账号：用户年龄范围是 25~35 岁，多为上班族，非北京人比例高，收入水平中等偏上
B 账号：用户年龄范围是 17~25 岁，多为学生，基本都是北京人，支付能力不足

图 2-18 竞品的用户画像

我们先来看一看A账号，其目标用户男女比例比较均衡，年龄集中在25~35岁。该账号主打的内容是北京美食商铺背后的故事，喜欢此类短视频的用户大都比较成熟。比较有趣的一点是，A账号的目标用户中有很大一部分不是北京人，不过大多数人的收入水平还是不错的。再来看B账号，其目标用户的年龄集中在17~25岁，多数人都是学生，支付能力不太强，基本上都是北京人。B账号的内容主要是探访北京的特色小吃。

从总体上来看，A账号的目标用户的关注点是故事内容，而B账号的目标用户的关注点是有特色且价格比较实惠的美食，两个账号虽然同为北京本地美食号，但业务方向却有一定的差别。

3. 分析商业潜力

我们先来分析A账号，就粉丝量与短视频热度来看，A账号的发展潜力还是很大的：运营时间不过短短一年，但点赞量上百万的短视频却并不少，平均点赞量大多也维持在几十万的水平，粉丝黏性也非常高，每个月的涨粉速度都比较快。

B账号比A账号的运营时间多半年，但粉丝规模只能算是中等水平，点赞量上百万的短视频只有两个，其他短视频的热度变化幅度较大，点赞量为十几万的短视频占比较高。B账号涨粉速度不算慢，运营状态比较稳定，发展成头部账号的概率不是很高。

基于以上分析，从总体上来说，还是A账号的商业潜力更大。

4. 评估优劣势

评估优劣势是竞品分析的必备环节，同时也是我们调整运营方案的依据。

毫无疑问，A账号所走的路线既有创新之处也能触碰目标用户的痛点，因为目标用户常常能在故事中找到自己的影子，因此我们也可以说A账号是在美食探访的基础上走情感路线。以上是A账号的优势。A账号的劣势是：与粉丝建立了极强的信任关系，这不利于变现；素材不容易寻找，持续创新的难度较高。

B账号的优势在于素材容易寻找，可以保证按时更新，短视频剪辑难度也不是很高。不过很显然，风险越小，竞争就越激烈，B 账号的竞争对手众多。B 账号的劣势在于难以找到突破点，容易遭遇发展的天花板。

5. 竞品分析总结

我们在规划自己的账号时，要基于不同竞品的优劣势调整自己的运营方案。我们不能因为害怕风险而拒绝创新，但同时也要注意给自己留一条后路。如果素材会成为定期更新的障碍，我们就要考虑调整业务方向。从长远发展的角度来考虑，我们也要尝试去触碰用户的痛点，以此增强账号的综合竞争力。

第 3 章

内容运营：兼顾有趣、有料、有价值

抖音是一个创作平台，这意味着运营者要想在抖音上获得成功，就必须做好内容运营。初入行时参考其他人的热门短视频是很正常的事情，但运营者终究要形成自己的风格、特点，只有这样才能走得更远。另外，优质短视频还需要搭配适当的分发技巧，这样才能提高上热门的概率。

3.1 易火内容：抖音上超火爆的内容有什么特点

运营者要想收获更多的粉丝，虽然也可以从宣传、推广等方面入手，但最根本的还是要提高短视频的内容质量。并不是按时发布短视频、为其配一些热门音乐就算达到了合格线，看一看抖音上那些格外火爆的短视频，它们成为爆款并不是毫无理由的。

大多数个人号的运营者在初期一般都没有建立团队，所以他们同时也是创作者。有些人虽然会参考抖音的热门短视频，但只是浮于表面，并没有真正看到其优势之处。

例如，有的运营者看到某个宠物类短视频很火爆，简单看了几眼便认为只要拍一段关于可爱小动物的短视频并发布出去就好，结果自己发布的短视频的点赞量却远低于预期，这完全是因为运营者并没有充分理解爆款短视频所具备的特点。

虽说让短视频带有爆款的特点并不能保证短视频一定上热门，但也好过毫无规划，全靠运气去做短视频。梳理抖音上热门的几类短视频，我们可以总结出爆款短视频的基本特点，具体如图 3-1 所示。

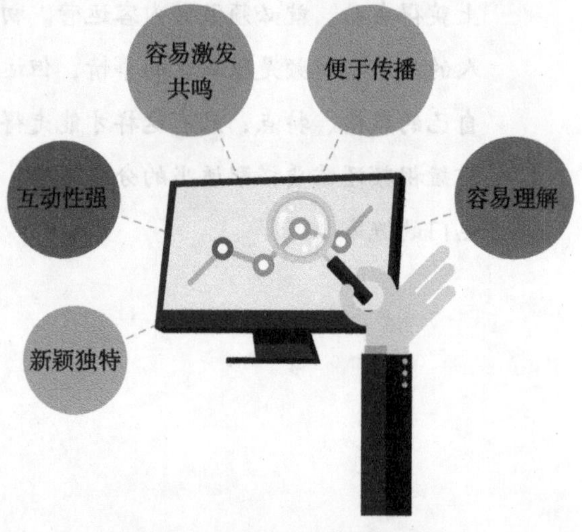

图 3-1　爆款短视频的基本特点

1. 新颖独特

新颖独特这一特点是爆款短视频的核心特点。抖音对原创短视频持鼓励、支持的态度，所以这类短视频在质量过关的前提下更容易获得推荐。抖音日均发布短视频数量的增多、运营者对流量资源的争夺都不是用户所关心的，用户的目的很单纯，他们只是想要看到更多新颖有趣的内容。

优秀的运营者无论进入哪一个细分领域，都能创作出视角独特的短视频，不会让用户产生"这个情节好眼熟"的感觉。这类运营者多集中于搞笑领域，他们的作品总能戳中用户的笑点。不过，对新人来说，达到这种水平并不容易。无论如何，运营者都要有独立创作的意识，不能一直走模仿路线。

2. 互动性强

怎样才能让自己的短视频上热门？我们可以看看那些爆款短视频，其点赞量、评论量都很高。要想打造一个综合价值较高的账号，我们就不能漏掉任何一个环节，一定要保证评论量也可以升上去，所以短视频的内容一定要体现出互动性较强的特点。

有些短视频会向用户提出一些问题或者提供一些选项。例如，"你更喜欢看哪种类型的电影"这类问题很容易引发互动。我们也可以在短视频的内容中埋下一两个争议点，但要注意把控好度，不要让互动变成争吵。

3. 容易激发共鸣

当前，心灵鸡汤类的内容在抖音上也比较受欢迎。不过，要想提高内容的档次，运营者就不能一直停留在只是配一些伤感音乐、简单文字这样的水平上，还要引起用户的共鸣。当然，容易激发共鸣并不是心灵鸡汤类短视频独有的特点，很多其他类型的短视频同样具有这一特点。

从表面上来看，激发共鸣的"杀伤力"并不大，但如果运营者能力到位、内容切入角度恰到好处，那么短视频所产生的效果往往会超乎想象。当用户受到触动的时候，他们往往会给出自己的反馈，与账号产生互动，这对账号的长远发展来说是十分有利的。

创作容易激发共鸣的短视频有一定的难度，但回报往往十分丰厚。不过，我们要避免内容的基调过于灰暗，因为这样的基调不符合抖音平台的整体风格。

4. 便于传播

通常来说，爆款短视频的传播范围十分广泛，用户看完这类短视频后会通过各种渠道将其分享给自己的好友。这些短视频主要是搞笑类、技巧类短视频。

便于传播的短视频一般具备图 3-2 所示的几个特点：第一，有创意、不空泛，用户容易抓住重点，用户看完之后容易产生自发传播的欲望；第二，包含可供传播的点，如化妆前后效果对比、烟花绽放的那一瞬间等；第三，站在目标用户的角度，符合用户的喜好。

图 3-2　便于传播的短视频具备的特点

5. 容易理解

在抖音上，知识和教育领域的发展速度也比较快，科普类、专业类短视频层出不穷。不过，有些运营者即便真的很了解某些方面的专业知识，其制作的短视频却仍然不受欢迎。

造成这种巨大反差的原因往往是内容不容易理解。抖音平台上的内容以娱乐、生活、潮流为主，大部分用户刷抖音主要是为了放松心情，真的想要通过抖音来深入学习专业知识的人非常少。

3.2　价值点：在同类内容中凸显自己的独特价值

现在，运营者面对的直接、潜在竞争者的数量都在不断增加，有时候自己发布的某条短视频大受欢迎，但其他短视频的热度并不高。眼看着发布的短视频越来越多，却看不到用户的反馈，运营者往往会产生一种无处下手、找不到发力点的感觉。其实，这主要是因为运营者没有赋予内容价值。

价值这个概念应用在实物产品上比较容易理解，如增加产品功能、提升产品外形精美程度等。不过，如果把价值这个概念放到短视频上，许多人就觉得不太容易理解了。事实上，短视频也是具备价值的，只是很多运营者没有意识到而已。

在设计短视频的内容时，我们要根据短视频的类型和目标用户有针对性地提供价值。短视频包含的价值有社交价值、情感价值、资源价值和观点价值（见图 3-3）。

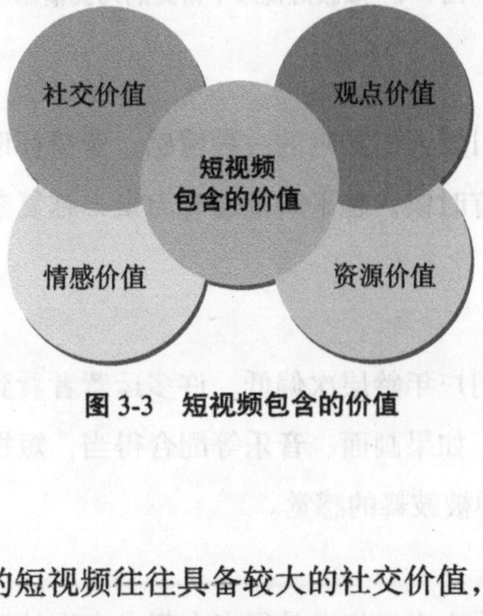

图 3-3　短视频包含的价值

1. 社交价值

具备较强传播性的短视频往往具备较大的社交价值，因为其内容会让用户产生分享的冲动。抖音在某段时期内曾经非常流行母女互换身份、男女互换造型这类题材，有不少用户在观看短视频后会找身边的人尝试这种玩法，这就是社交价值的一种体现。

2. 情感价值

前文曾经提到，爆款短视频一般容易激发用户的共鸣。为了获得这种效果，运营者必须在内容上多下功夫。不要低估情感价值，抖音上的许多爆款短视频都利用了人们的某种情绪，使用户的情感随着视频的内容而起伏。爆款短视频中常见的几类情感如图 3-4 所示。

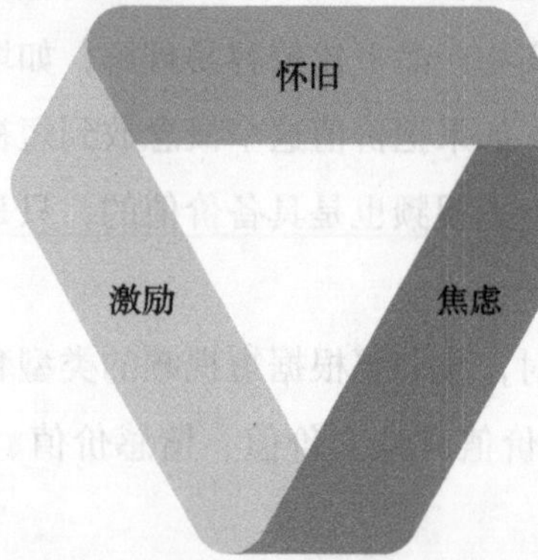

图 3-4　爆款短视频中常见的几类情感

（1）怀旧

怀旧是比较容易引发人们共鸣的一种情感。营造怀旧情绪时，不宜在内容中加入过多的元素。有时候，越平淡就越有力量，越复杂越难让用户进入怀旧的情绪中。

（2）激励

抖音面向的目标用户年龄层次偏低，许多运营者看到了这一点，为短视频内容融入了激励元素。如果画面、音乐等配合得当，短视频就很容易调动用户的情感，使其产生一种被鼓舞的感觉。

（3）焦虑

在这个快节奏的社会中，焦虑是很多人都会产生的情绪。抖音上那些渲染焦虑情感的短视频无疑为这些用户提供了一个释放情绪压力的渠道。用户看到有这么多人碰到了自己遇到的难题，往往能获得某种慰藉。当然，那些一味贩卖焦虑情绪的短视频没有什么价值，也无法获得绝大部分用户的认可。

3. 资源价值

抖音上的教学类、科普类短视频非常多，不同类型的用户都能找到自己比较满意的短视频。例如，年龄稍大的用户更关注生活方面的小技巧，如快速套被套的方法、挑选水果的技巧等。这就是短视频的资源价值，它主要体现为用户可以从短视频的内容中获得什么、掌握了多少新知识或者学会了什么新技能。价值的大小主要取决于运营者的水平，某些常识类的内容就不具备太多的资源价值，因为大多数用户对此都比较了解。

4. 观点价值

观点价值具有一定的特殊性，创造观点价值的难度也比较高。一个人可以发表各种观点，但能够说出有价值的观点的人却并不多。例如，谈到亲子关系时，很多人只会简单地表达关系好坏，而相关专家却能就这个话题展开深入的分析，让孩子和家长都能够从中有所收获。

但是，我们要注意一个问题，价值既有正面的，也有负面的，违背伦理或者道德规范的观点没有什么正面价值。

无论运营者是否产生过要为内容注入价值的想法，都要审视一下自己的短视频有哪些价值。上述每一种价值都能发挥作用，但并没有什么高低之分，运营者因为感觉哪类价值的潜力较大而硬将其应用到不匹配的内容上就适得其反了。

3.3 拍摄技巧：构建一套专属于自己的拍摄语言

无论你希望做什么主题的短视频，无论你选择真人出镜还是拍摄风景、动物、美食等，都要掌握最基础的拍摄技巧。如果将一条短视频比喻为一道菜，那么文案、剧情就相当于这道菜的口感，画面就相当于这道菜的造型，顾客往往会青睐那些造型美观、令人充满食欲的菜品。

在正式开始拍摄之前，我们先要做好准备工作。有些人选择独自运营账号，所以在拍摄时需要一个人负责多个方面的工作；有些人选择建立自己的运营团队，所以在拍摄时可以多人分工合作。

抖音是一个以休闲娱乐内容为主的平台，因此对拍摄和剪辑工具（见图 3-5）的要求不算很高，既可以使用手机，也可以使用摄像机，运营者可以根据自己的实际情况进行选择。在使用手机拍摄的时候，最好准备一个固定支架，防止镜头摇晃。为了保证收声效果，最好再准备一个专门用于手机收声的麦克风。当然，剪辑软件也是必不可少的。

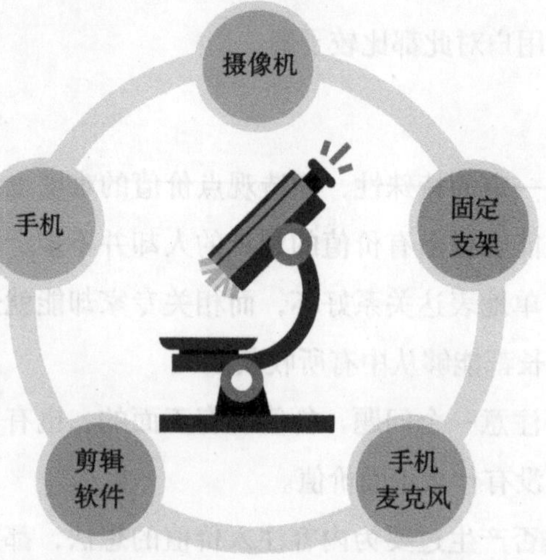

图 3-5　拍摄和剪辑短视频时的必备工具

准备好这些工具之后，就可以开始正式拍摄了。在准备好文案、拍摄脚本等的基础上，运营者及其团队在拍摄和剪辑过程中还需要注意几个事项，具体如图 3-6 所示。

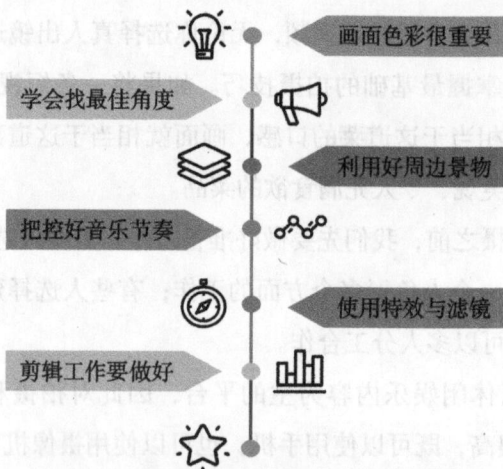

图 3-6　拍摄和剪辑过程中的注意事项

1. 画面色彩很重要

明亮、温暖的色调肯定比灰暗的色调更有视觉冲击力，但我们也要考虑拍摄的内容，只有选择与内容匹配的色彩，才能拍摄出优秀的短视频。例如，我们要拍摄的场景是一个雨天，想要传达思念之情，在这种情况下就肯定不能让画面过于明亮了。

美食类短视频对色彩有特别的要求。在大多数情况下，该类短视频都应该采用暖色调，否则不容易提起观看者的食欲。

2. 学会找最佳角度

我们平常在拍照片的时候都会下意识地找角度，更不要说拍摄短视频了。拍摄不同的东西要找不同的拍摄角度，短视频领域常用的拍摄角度如图 3-7 所示。

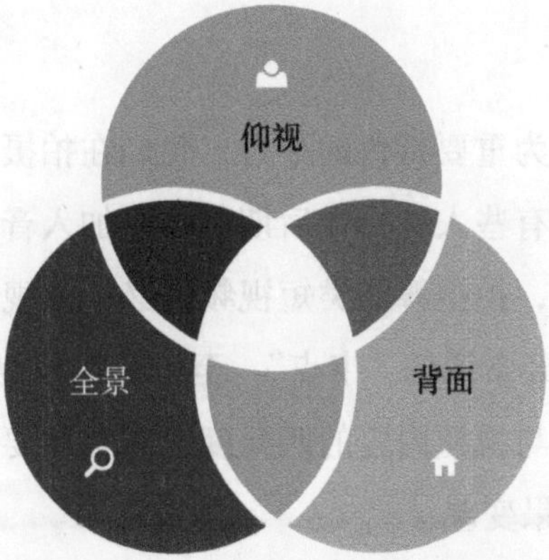

图 3-7　短视频领域常见的拍摄角度

（1）仰视

该角度比较适合拍摄人像，很多街拍、舞蹈类短视频都是以仰视角度拍摄的，目的就是让人物的身材显得更修长一些，整体的画面感也会更好。

（2）全景

在拍摄风景时，我们可以尝试全景角度，让更多美丽的风景进入镜头之中，再配合一些特效或有创意的摆设，往往可以获得很好的效果。

（2）背面

抖音曾经很流行以背面角度拍摄奔跑类短视频，如果配合精心的剪辑，画面就会变得非常唯美。也有人选择走技术流路线，画面通常非常酷炫。

3. 利用好周边景物

无论拍摄人、静物还是小动物，为了不让画面显得无趣，一定要利用好周边景物。例如，武汉大学的樱花在短视频中的出场率非常高，许多“颜值博主”会让自己融入樱花场景，而不是将单调的建筑物当作画面背景。有时候，就连雨后地面的小水坑也可以用来辅助拍摄，有些人可以找到很好的角度，将倒影效果拍得非常出色。

如果找不到合适的场景，那么运营者也可以自己购买道具布置一下，不过该方法更适用于室内场景。例如，拍摄美食的时候可以在餐盘旁边放一些鲜花或者植物，也可以铺一块美观的桌布、放一个可爱的水杯等。

4. 把控好音乐节奏

抖音是一个以音乐为重要特色的平台，我们在拍摄短视频的时候不能漏掉音乐这个要素。不过，有些人选择在后期制作中加入音乐，有些人选择在拍摄时直接播放音乐。例如，拍摄舞蹈类短视频时必须重视舞蹈动作与音乐节奏的匹配问题，也就是大家经常说的“卡点”。至于其他类型的短视频，如情感类短视频，音乐的高潮部分与视频内容的匹配度也非常重要，音乐过早或过晚进入高潮部分都会使整体效果变差。

5. 使用特效与滤镜

如果使用手机拍摄，那么拍摄者可以适当地使用手机自带的滤镜来调节画面，但要注意不能让滤镜的存在感变得太强。滤镜的作用是让画面得到进一步的优化，而不是喧宾夺主。手机自带的特效比较单调，目前使用较多的主要是全景模式与延时模式。有人在这两大模式的基础上又开发出了新玩法，如人物分身效果、电影式慢镜头等。

6. 剪辑工作要做好

还是以做菜来比喻，剪辑相当于为菜品摆盘，那些摆盘格外精致的菜品往往能得到更多的关注。如果是技术类短视频，剪辑环节的压力就更大了，节奏的调整、画面的切换都要考虑到。一位优秀的剪辑师能为运营者提供极大的帮助，如果还未组建完整的团队，运营者至少要熟悉最基础的剪辑操作。

新手在第一次拍摄和剪辑短视频时很容易出现问题，这是很正常的现象。不要因为初期发布的短视频热度不高就很快放弃，但也不能回避问题，一定要有针对性地解决这些问题。在初期，运营者可以参考一些热门短视频，学习其拍摄手法，但一定不能长期模仿他人的拍摄风格，只有形成自己的独特风格才能获得长远的发展。

3.4 发布技巧：这样上传短视频更容易上热门

制作好短视频之后，就要进入下一个环节，这也是非常容易被运营者忽视的一个重要环节——上传发布。这项工作看起来就像开门、关门一样简单，但事实果真如此吗？重视细节的人才能抓住每一个机会，有时明明两条短视频的内容质量差不多，但运用了分发技巧的那条短视频却能获得更高的热度。

有些新手对上传环节不太重视，他们的想法是：上传完短视频之后，只要等待审核通过，就可以将内容发布到抖音上了，这么简单的环节又能有什么复杂的事项呢？其实，需要注意的地方还真的有很多。就拿前文介绍过的初始流量池来说，虽然每一位运营者都能获得这个礼包，但礼包里面的东西并不是同一规格的。

如果你所在的城市是一线城市，平台在判定出你的所在地后，就会为你准备一个有几百个流量的礼包。如果你所在的城市是三、四线城市，人口密度肯定低于一线城市，礼包的规格肯定会小一些。

虽然这并不是什么秘密，但依然有很多新手对此并不了解，并对其他人能够轻松上热门这件事感到困惑。下面介绍几个比较实用的上传技巧（见图 3-8），运营者学会这些技巧之后，其发布的短视频上热门的概率就会提高。

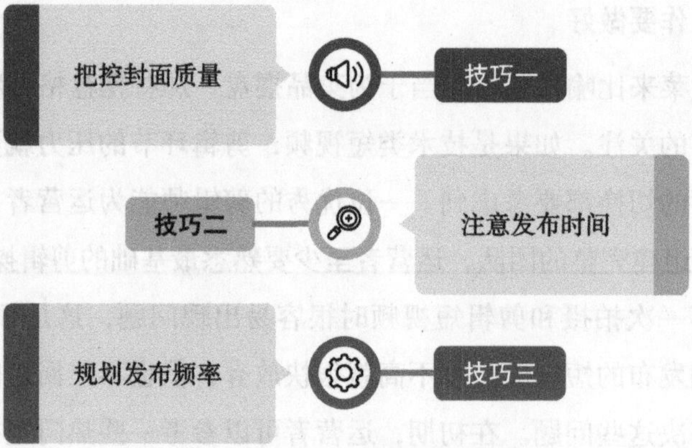

图 3-8 上传抖音短视频的实用技巧

1. 把控封面质量

短视频的封面很重要，它在很大程度上决定了用户是否观看这条短视频。有些运营者不重视封面，往往让平台自动生成一个封面，这样的封面一般不太有吸引力。有人说："封面选得好，点赞少不了。"事实证明，封面比较有吸引力的短视频的确比较容易上热门。例如，美食类短视频肯定要将最具诱惑力的菜品放到封面上，而不是餐具或厨房。

如果运营者想要充分开发封面的价值，就要注意图 3-9 所示的几个要点。

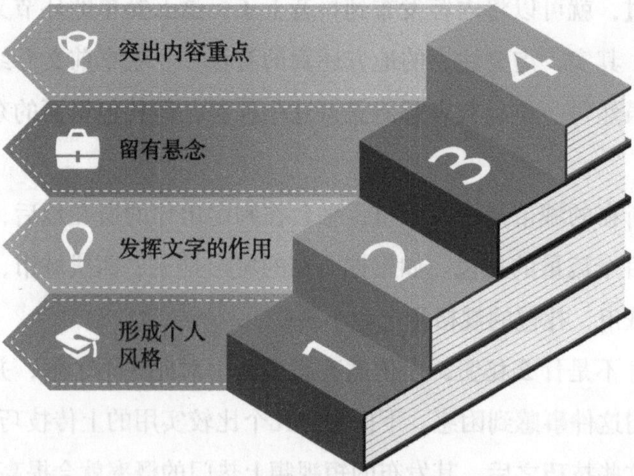

图 3-9 设置封面时的要点

（1）突出内容重点

以美食类短视频为例，无论主题是探店、做饭还是其他，美食都应该是内容的核心。因此，在选择封面的时候，运营者一定要截取菜品最能勾起人食欲的那个画面。这个方法在其他类型的短视频上也同样适用，前提是运营者很清楚短视频所要表达的重点是什么，用户最想看什么。

（2）留有悬念

不少运营者会通过在封面中设置悬念的方式来吸引用户，不过这种方法一般要配合文案、标题使用。假如文案是“高中和大学的改变”，那么封面可以采取对比的形式，但不要一股脑将所有关于改变的内容都放上去，否则会让用户失去好奇心。

（3）发挥文字的作用

图片加文字也是比较常见的封面形式，但要注意两点：一是文字的内容，二是文字的格式。我们要考虑文字内容是否与短视频主题相符、能否调动用户的情绪。使用抒情、设疑性质的文字或直接使用短视频内容关键词都可以，也可以适当夸张，但不要使用与内容无关的文字。我们要保证文字足够清晰，能让用户一眼就看出来，而且不能遮挡图片中的重要内容。

（4）形成个人风格

个人风格不是发布一两条短视频就可以确立的。那些比较知名的抖音账号的封面都有较强的一致性，不会频繁变换风格，因为这有利于加深用户对账号的印象。

2. 注意发布时间

应该很少有人会认为在半夜三更发布短视频还能轻松获得庞大的流量，运营者通常都会在用户活跃度最高的时间段发布短视频。根据抖音官方的统计数据，我们可以发现几个最佳的发布时间。

目前，除了凌晨，在白天的大多数时间用户活跃度都比较高，不过高峰点还是集中在早上8点左右（见图3-10）。在这段时间刷抖音的基本都是上班族，他们会在等车、吃早餐的时候顺手刷一刷抖音。在晚间时段，晚上8点到9点的用户活跃度也比较高。

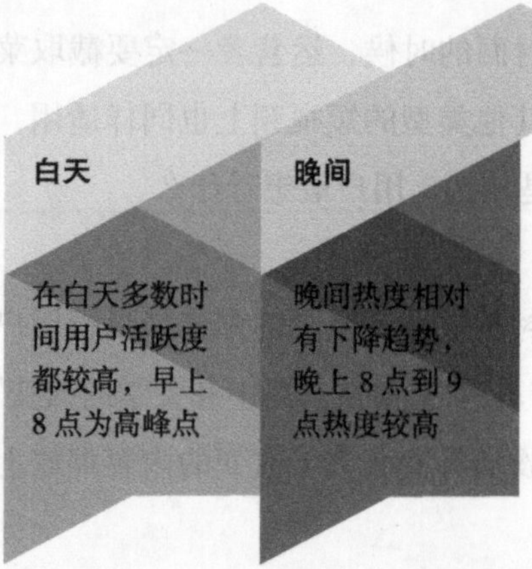

白天
晚间
在白天多数时间用户活跃度都较高，早上8点为高峰点
晚间热度相对有下降趋势，晚上8点到9点热度较高

图 3-10　发布短视频的最佳时间段

运营者在规划发布时间的时候要将审核时间算进去，虽说一般情况下审核时间都不会很久，但为了避免意外最好还是空出一些时间。

此外，运营者还要根据目标用户的特征确定发布时间。即便都是学生，高中生和大学生的时间安排也肯定会有所不同。为了使短视频热度更高，运营者必须尽可能兼顾用户特征与平台特点。

3. 规划发布频率

不同类型的短视频应该有不同的发布频率。在保证质量的前提下，观点类短视频的发布频率不用特别高，但像美食类、宠物类短视频，发布频率相对就比较高了。对新手来说，无论账号定位是什么，都要保证每天发布一条短视频。之所以这样要求，主要是因为以下两点。

第一，运营初期是非常关键的，因为在这段时间你可能会通过各种方式积攒一部分流量，如果发布速度跟不上，用户的期待感就会消退，用户很容易流失。

第二，目前热门领域的竞争很激烈，如果运营者因为各种原因无法按时发布短视频，那么竞品绝对不会放过这个机会。

3.5 多维打通：头条系产品矩阵的多维运营与相互打通

提到产品矩阵，很多人都会在第一时间想到头条系产品矩阵。所谓矩阵就是以增强内容输出能力、提高引流与变现效果为主要目的的产品布局方法。

抖音已经成了头条系产品矩阵中的核心产品之一，其地位和商业价值都有了明显的提升。不过，字节跳动的雄心可不止于此，它在产品矩阵方面很早就在布局了，之后也在不断随着市场环境的改变进行战略上的调整。

我们先来简单了解一下头条系产品矩阵中抖音以外的产品，如图 3-11 所示。

图 3-11 头条系产品矩阵

（1）今日头条

作为头条系产品矩阵的核心，今日头条在上线早期就已经具备了独特的推荐机制，平台每天都要筛选、传播大量的信息，涵盖的板块也比较多，流量主要集中在娱乐、科技、财经等板块。随着平台规模的扩大，今日头条也遇到了一些问题，例如，管控平台内容质量的难度越来越大。不过，目前今日头条的市场地位还是很稳固的。

（2）西瓜视频

按上线时间来排列的话，西瓜视频排在抖音之后。西瓜视频的定位与抖音不同，其涵盖的内容类型十分丰富，并不专注于短视频。你可以在这个平台上看到大部分自己想看的视频内容，包括电影、电视剧、直播等。

（3）火山小视频

火山小视频在风格上看起来与抖音比较相似，但二者的定位稍有不同。从整体风格来看，抖音的潮流感更明显一些，火山小视频则显得比较生活化。在头条系的视频类产品中，火山小视频的发展似乎缓慢了些，用户也不如抖音多，但它仍是头条系产品矩阵中的重要一员。2020 年，火山小视频更名为抖音火山版。

（4）悟空问答

该产品的主要功能是问答，定位与知乎有些相似。悟空问答的价值由提问者与回答者共同创造，板块也比较丰富，社会热点类问题在这里更受欢迎。为了提高平台活跃度与内容输出效率，运营团队推出了一系列激励制度，例如，答案达到标准就可以获得红包等。

早在 2018 年，头条号就进行了大规模的优化、升级，打通了头条系产品矩阵，实现了多类内容的一键分发。头条号升级带来的好处如图 3-12 所示。

图 3-12　头条号升级带来的好处

（1）创作空间变大

升级后的头条号为创作者提供了更加便捷的创作平台。无论创作者更擅长创作长视频、短视频还是偏爱图文、问答类的内容，平台都可以满足其需求。

平台运营者针对这个方面进入了充分的考虑，并非只是单纯地将内容聚合到一起。为了让创作者拥有一个舒适的创作环境，平台对创作内容进行了细致的划分，还推出了数据统计功能，极大地降低了操作复杂程度，使创作者能够全身心地投入到内容输出的工作中。

（2）打通分发渠道

内容的分发效率伴随着头条号的升级变得更加高效。当创作者在头条号中发布了相关内容如短视频后，如果内容的综合热度较高且粉丝好评率也很高，那么该内容就会被同步到抖音平台中。这意味着什么呢？

这意味着创作者可以借助这种分发机制获得更多热度，获得更多的流量，这一切都完全不需要创作者进行任何操作。换句话说，创作者能否打响名气并从中获益，完全取决于内容质量的高低。

（3）粉丝数据透明

创作者能够将其他平台的账号与头条号绑定在一起，直接在头条号平台查看、分析粉丝数据，既可以从整体角度去分析，也可以单独查看各个平台的粉丝变化情况及相关点击量。创作者完全可以通过这一个平台创作多种类型的内容，管理多个产品的粉丝。

【案例】李佳琦不仅是带货达人，也是内容运营高手

有着“口红一哥”之称的李佳琦不仅是淘宝上的头部主播，在抖音上也非常受广大用户的欢迎。截至 2020 年 8 月，李佳琦在抖音上的粉丝数量已经突破了 4300 万，这个数字在抖音的美妆领域是非常亮眼的。李佳琦是如何做到既在淘宝上高效带货，又在抖音上飞速涨粉的呢？关键在于他十分重视内容运营这项工作。

李佳琦入驻抖音的时候并不像其他运营者一样从零开始，因为当时李佳琦在直播领域已经有了一定的影响力。不过，这并不意味着李佳琦在抖音上随便发几条短视频就能获得成功。虽然李佳琦在起步时就具备一定的粉丝基础，但在以输出优质内容为主要涨粉手段的抖音上，如果不能制定一套合理有效的内容运营策略，那么他也无法取得出色的成绩。

下面详细分析李佳琦在抖音上做内容运营的技巧，如图 3-13 所示。

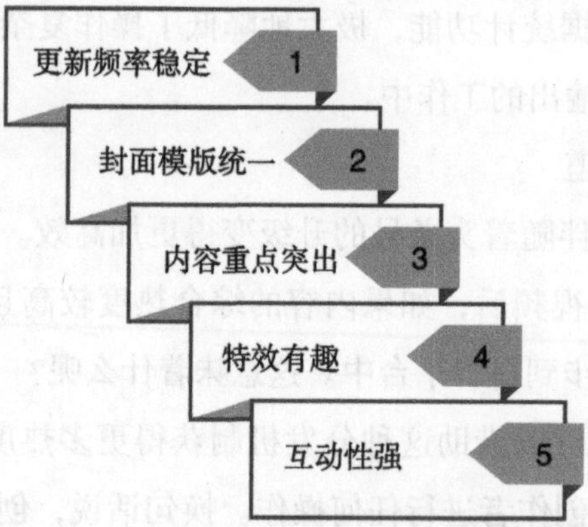

图 3-13 李佳琦在抖音上做内容运营的技巧

1. 更新频率稳定

靠直播带货出名的李佳琦曾在一次访谈中说，只要一天不直播，他就可能会失去很多流量，所以他必须每天直播才能保持自己的人气。这一点在抖音上也同样适用。如果李佳琦想要通过抖音进一步涨粉乃至变现，就必须遵守短视频行业中不成文的规矩：提高内容输出能力，保持更新频率稳定。

如果李佳琦在内容输出上“三天打鱼，两天晒网”，那么其账号虽然也可能会持续涨粉，但粉丝规模肯定达不到当前这个水平。李佳琦目前保持每天发布一条短视频的更新频率，有时还会一天发布两到三条短视频。此前，他在抖音上的更新频率不算很高，但更新时间也不会间隔太久。

2. 封面模板统一

李佳琦在抖音上的粉丝都知道，他发布的短视频一般都会使用统一的封面模板，其显著特征是下方的蓝色对话框和对话框上面的文字“OMG”——这是他的口头禅。

封面模版统一的好处是能够有效加深用户的记忆。时间长了，哪怕李佳琦本人没有出现在封面上，用户只要看到这个风格的封面，也能一下子想到这是李佳琦发布的短视频。李佳琦在直播领域很有名气，但在抖音上并非人人都知道他，统一封面模板有助于吸引新粉丝并使其产生深刻印象，而且成本几乎接近于零。

3. 内容重点突出

抖音上有许多美妆类账号，有些美妆类短视频时长只有十几秒，但完全没有重点，用户看完了一头雾水。而拥有丰富带货经验的李佳琦在这个方面就显得游刃有余了。他经常面对消费者，所以他很清楚在短视频中应该突出哪些内容。李佳琦的短视频重点十分明确，往往几句话就能调动用户的情绪，使其产生购物的欲望。

此外，李佳琦也非常擅长利用封面文字概括短视频的核心内容，例如，他会利用封面文字突出品牌名称，或者用“限量色”“双十一必抢爆款”等关键词来吸引用户。李佳琦会非常细心地为短视频配上美观、清晰的文字，用户可以毫不费力地看清字幕，其观看体验自然也提升了不少。

4. 特效有趣

特效可以发挥强大的作用，它能将原本略显单调的画面变得更加生动。有时候，某些趣味特效还能使用户会心一笑。李佳琦经常在短视频中添加一些有趣的特效。例如，展示小金条口红的短视频使用了“小星星亮闪闪”特效，伴随着李佳琦用夸张的语调说出的“真的会发光”，这条短视频的视觉冲击力大大增强。

有些短视频的特效过多，反而让用户不知道应该看哪里。李佳琦在使用特效时遵循适度原则，不允许特效喧宾夺主，也不会使其影响画面的整体效果。

5. 互动性强

李佳琦希望用户在观看他的短视频时产生特定的情绪，所以他会充分利用自己在直播领域积攒的经验，通过场景、神态和动作等来增强与用户之间的互动。用户在观看他的短视频时，往往会产生一种面对面聆听产品介绍的感觉。在抖音这个平台上，李佳琦不仅希望获得更多的流量，还希望拉近自己与粉丝之间的距离，因此他的短视频往往互动性极强。

第 4 章

吸引流量：单纯追求高点击量容易走弯路

在这个时代，成功的引流等同于创造经济效益。在竞争者数量越来越多、资源池却不能等比例扩大的情况下，运营者要想获得更多的流量，就必须掌握一些实用的技巧。运营者要摸清流量池的基本规则，掌握互动引流的方法，打造高性价比的付费推广组合。一个足够成熟的运营者不会只盯着点击量这一项数据，而会看得更加长远、考虑得更加全面。

4.1 算法倾斜：平台往往会基于阶段性目的进行算法倾斜

从技术层面来看，抖音的算法是非常复杂的。作为账号运营者，我们并不需要达到算法工程师那么高的水平，但也不能对算法相关知识一无所知。在抖音上，综合热度较高的短视频背后往往站着一个对抖音算法十分熟悉的运营者。

在这里，我们要提到一个概念——算法倾斜。如何理解这个概念呢？我们可以将自己代入学生的角色，如果你的成绩好或者某项技能突出或者人际交往能力强，你就会获得老师和同学的更多关注。老师和同学的注意力就相当于抖音的平台推荐，没有一位运营者不希望自己的短视频获得平台的推荐，因为平台推荐往往伴随着巨大的流量，运营者之间的实力差距大多就是这样被慢慢拉开的。

抖音整体的创作环境还是很好的，但如果运营者自身能力不足，就有很高的概率等不到流量池的二次推荐。运营者要想成为抖音算法倾斜的对象，就一定要摸透其偏好、套路。具体来说，运营者要关注图 4-1 所示的几个要素。

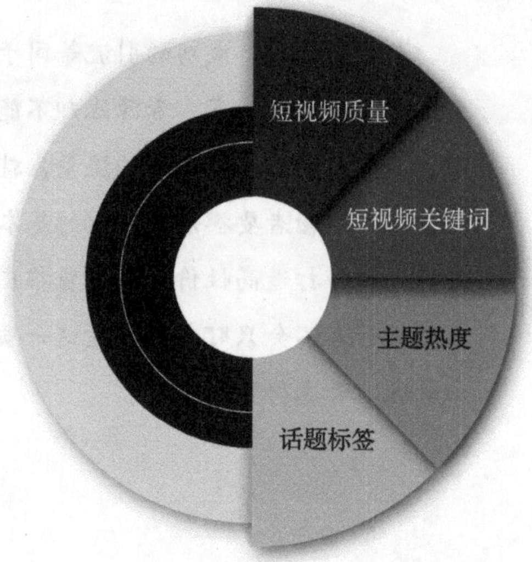

图 4-1 运营者为了获得算法倾斜应该关注的要素

1. 短视频质量

短视频质量始终都应该是运营者最重视的。某些小吃的外形虽然不是很精致，但味道却非常好，比起某些口味一般、往往被大多数人用来自拍的网上流行食品，显然还是前者的市场竞争力更强。

通过投机取巧的方式确实有可能获得一定的流量，但效果持续不了多久，而且还可能面临很多风险，如平台的处罚等。谋求长远发展的运营者一定要把大部分的时间和精力用于提高短视频的质量，虽然这样做需要克服很多困难，但未来的每一步都能走得更踏实。借助抖音算法中的某些规则获得推荐只是一种技巧，运营者还是要把重心放在最基础的内容上。

2. 短视频关键词

运营者一定要知道短视频关键词的重要性，并掌握具体的应用方法。例如，在某段时间“馋哭隔壁小孩”这句话非常流行，美食类账号运营者要抓住机会，在文案中带上相应的关键词，这样就很容易获得算法倾斜。

选择短视频关键词时需要注意的事项如图 4-2 所示。

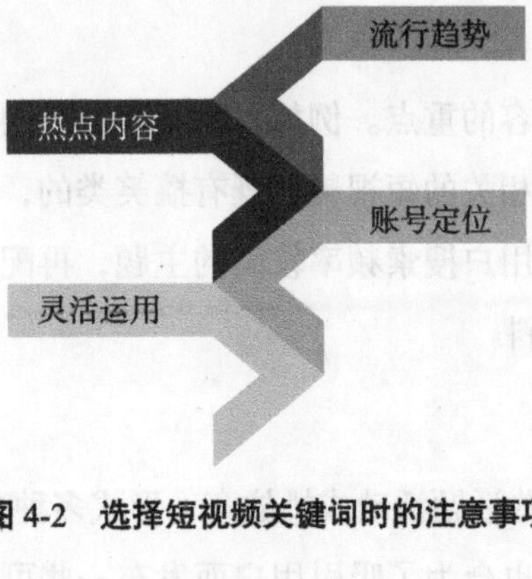

图 4-2　选择短视频关键词时的注意事项

（1）流行趋势

运营者要具备敏锐的潮流意识，即便是主打怀旧风的运营者也不能真的沉溺于过去的事物，而要了解当下的流行趋势。在这个信息技术十分发达的时代，对运营者来说，感知流行趋势的变化其实并不困难。捕捉流行趋势，从中挑选出具备潜力的关键词，短视频的热度自然会有更大上升空间。

（2）热点内容

热点内容与流行趋势既有相似之处也有区别。像 2020 年十分火爆的《乘风破浪的姐姐》和《隐秘的角落》就属于热点内容。运营者可以使用“C 位出道”“一起爬山吗”这些关键词。运营者要关注社会热点，但最好不要触碰那些比较敏感、容易引发争议的话题。

（3）账号定位

无论使用什么样的关键词，运营者都要先想一想自身账号的定位。如果不以账号定位为基础选择关键词，选择的范围就会变得过大，而且选出来的关键词也很可能无法提升短视频的热度。

（4）灵活运用

并不是所有的流行趋势都值得追赶，也不是所有的热点内容都可以拿来就用，把不合适的热门关键词放到文案中，虽然也能获得一定的流量，但会带来很大的风险，账号可能会被降权，粉丝也可能会流失。因此，在借助关键词获得系统推荐的时候，一定要灵活一些。

3. 主题热度

主题就是短视频内容的重点。例如，在垃圾分类刚开始实施的时候，我们可以在抖音上搜出许多相关的短视频，既有搞笑类的，也有科普类的。运营者要尽量选择一些热门、用户搜索频率较高的主题，再配合相应的关键词，这样才更有可能获得算法倾斜。

4. 话题标签

抖音经常会举办一些话题活动或挑战赛，形式多种多样且举办频率非常高。此外，入驻抖音的品牌也会为了吸引用户而发布一些可供用户参与、讨论的话题。不要忽视这些话题的作用，特别是官方提供的话题，因为它们往往自带热度。

在选择话题时，首先要考虑话题与短视频内容的匹配程度，其次要考虑所选话题的价值，那些参与者寥寥无几的话题并不值得参与（见图 4-3）。

图 4-3　选择话题标签时的注意事项

4.2　流量池思维：抖音流量池的等级与基本分配规则

抖音之所以能够以如此快的速度成长，一跃成为头条系产品矩阵以及短视频行业中的明星，主要是因为聚集了一大批高质量的短视频以及高效输出内容的运营者。平台的生命力来源于这些运营者，他们愿意入驻、留在这个平台主要是因为自身可以获得发展，这种关系将双方绑在一起。

流量池是抖音吸引运营者的重要武器，因为抖音提倡去中心化，每个人都可以在初期享受相同的流量待遇，无论你的知名度如何、职业是什么。由于所在地不同等原因，初始流量可能会有细微的差别，但从总体上来看公平程度还是很高的。

下面先介绍一下流量池的等级（见图 4-4）。

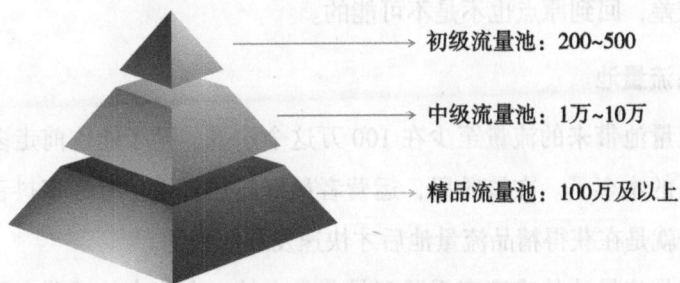

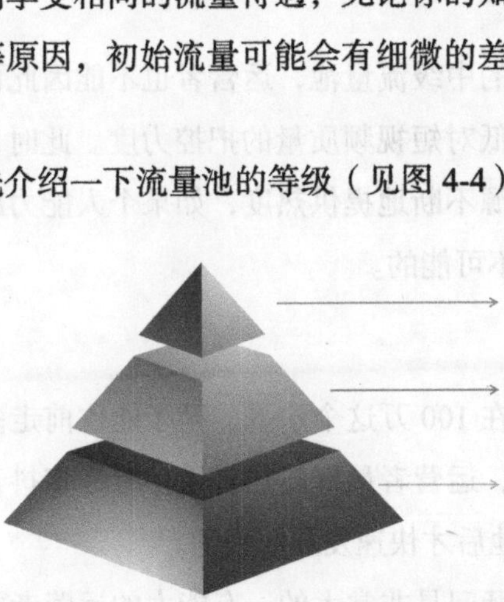

图 4-4　抖音流量池的等级

1. 初级流量池

在介绍流量池的三个等级之前，首先需要声明一点，这只是典型的等级划分，并不是说运营者在跨过第一道门槛之后就能迅速获得中级流量池。

每一位入驻抖音的运营者在初次发布短视频的时候都会获得一个初级流量池，里面有几百个流量。别看这个池子不大，但其发挥的作用非常关键。它就像我们在赛跑时的起跑速度，如果我们在起跑时落后，后面就很难再赶上其他人了。

一般来说，通过初级流量池的考验不算难，最基本的就是不能出现违规内容，否则就会直接失去获得下一级流量池的资格。第一条短视频的质量相当于我们给其他人留下的第一印象，修复起来非常困难，因此运营者要格外重视第一条短视频。

2. 中级流量池

到了中级流量池这个阶段，运营者就可以明显地感觉到短视频的热度涨幅在加大，粉丝量也在迅速增加。能够进入这一阶段的运营者肯定具备一定的创作能力，毕竟从初级到中级需要经历许多审核流程，叠加推荐不是那么容易就能实现的。

即便获得流量资源十分丰富的中级流量池，运营者也不能因此而觉得自己马上就能走向成功，甚至开始降低对短视频质量的把控力度。此时，运营者要更加努力，因为流量池并不会源源不断地提供热度，如果个人能力跟不上、用户反馈度较差，回到原点也不是不可能的。

3. 精品流量池

精品流量池带来的流量至少在 100 万这个水平，至于能往前走多久就要看运营者自己的本事了。在该阶段，运营者最好趁热打铁。有许多抖音大力培养的头部账号就是在获得精品流量池后才快速发展起来的。

进入精品流量池的难度毫无疑问是非常大的，有能力的运营者要沉下心来进行内容创作与账号管理，不能浮躁。

介绍完流量池的等级，我们再来看一看影响流量获取的五项重要数据（见图 4-5），运营者要长期关注这些数据。

图 4-5　影响流量获取的五项重要数据

（1）点赞量

点赞相对来说是最容易获得的，因为不需要用户耗费太多时间和精力。如果他们对短视频感到满意，就会很自然地点一个赞。甚至有许多用户会习惯性地点赞，即只要短视频质量达到合格的标准，他们就会点赞。

虽然获得点赞并不难，但大概没有多少运营者会满足于几十个赞这样的水平。短视频的质量越高、创意越出色，就越容易收获较高的点赞量，而该项数据的增长可以帮助账号获得更高等级的流量池。

（2）评论量

某些用户虽然觉得短视频很合自己的口味，但却因为各种原因没有在评论区留下自己的足迹，如想不到要说什么、懒得回复等。这种情况令许多运营者感到烦恼，因为评论量也是非常重要的。运营者需要在视频内容、文案等方面多下一些功夫，以增加评论量。

（3）转发量

与点赞量和评论量相比，转发量似乎比较容易被忽略，但它也是影响流量池分配的重要因素，所以运营者也不能放弃提升转发量。更何况，短视频的转发量提上去对运营者来说是非常有利的，这意味着短视频会被更多人传播、观看。运营者要想让短视频被更多地转发出去，就要进行更加缜密的策划。

（4）完播率

用户点开短视频后会发生两种情况：一是觉得不好看，不想继续看下去，因此在一两秒之后就关掉页面或观看下一条短视频；二是完完整整地将一条短视频看完。这两个场景的性质可完全不一样。毫无疑问，运营者更希望看到后者。如果前者屡次出现，运营者就要好好地反思一下究竟是哪里出问题了。完播率对流量池分配也会产生很重要的影响，完播率高意味着短视频更受用户欢迎，平台赠送的流量也会随之增加。

（5）关注比

影响关注比的两大要素是短视频播放量和粉丝增长量。粉丝增长量越大，关注比往往就越高。但要注意，运营者不要试图在账号进入平稳运营状态后使用违规手段在粉丝数据上做手脚，否则很容易功亏一篑。

4.3 互动引流：抖音号运营中最常用的五种互动引流方法

初级流量池只是一份人人都有的礼物，要想获得更多流量，在原地等待是不行的。因此，运营者必须掌握一些互动引流的方法，为自己争取更多的资源。

下面简单梳理一下当前在抖音上比较流行的互动引流方法（见图 4-6），有能力的运营者也可以在这些方法的基础上开发新的方法。

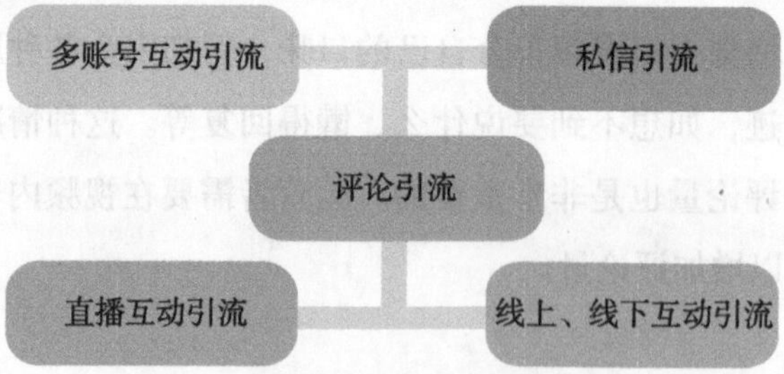

图 4-6 抖音常用的五种互动引流方法

1. 评论引流

在评论引流方面，不少运营者存在两大问题：一是不清楚评论区的重要性，导致宝贵的流量资源被白白浪费；二是虽然知道有评论互动这么一种引流方法，但无法制定出合理的方案，只是将评论区当作一个单纯的留言板。事实上，如果运营者能够找到合理的评论互动方式，其引流效果将会有非常明显的改善。

在评论区，运营者可以同时扮演两个角色——话题引导者与互动聊天者。在评论区热度不高或评论质量较低的时候，运营者可以扮演话题引导者的角色，针对短视频内容发表有趣或容易引起讨论的话题，这样做可以主动地调节互动气氛。运营者也可以扮演互动聊天者的角色，回复其他用户的评论，但要注意选择那些有价值、有意义的用户评论。当然，如果尚处于运营初期，那么筛选标准可以设置得宽松一些，目的是尽量留住每一位用户。

2. 多账号互动引流

在必要的时候，运营者也可以采用与其他人合作的方式进行互动引流，一来成本较低，二来也可以多一个助力——或许在此之后还可以长期合作。

多账号互动在抖音上已经十分流行，主要方式包括以下几种。

（1）KOL 合作，同框出镜。这是比较直接的引流方式，即一位 KOL 出现在另一位 KOL 的短视频中，做一些互动或者在剧情中扮演某个角色。这种方式既可以讨得粉丝的欢心，也能实现相互引流的目的。

（2）分隔两框，隔空喊话。这是一种创意十足的互推方式，不过相对来说要求也比较高，需要双方达到一定的默契程度。当然，其中一方也可以在短视频中通过口述或文字等形式介绍另一方的账号，以实现互推的目的。

（3）个人信息互推。账号相关信息也可以带来一定的流量。与其他人达成合作关系后，运营者可以将对方的信息填入个人简介或者其他合适的地方，但注意不要涉及私人信息，因为如果出现微信号、手机号等信息，就违反了平台的规定。

（4）通过短视频文案直接 @ 对方。这种方式比较常见，而且成本非常低。使用这种方法时甚至不用专门拍摄短视频，只要文案中出现对方的名字，就可以获得与短视频相当的曝光量。双方要更加用心地撰写文案，使两边的文案产生一种联动性，从而获得更好的效果。该方式比较安全，没有违规的风险，可以放心使用。

3. 直播互动引流

当前，包括抖音、快手、淘宝、微博等在内的各大平台都开通了直播功能。对运营者来说，直播也是非常适合进行流量变现的一种手段。无论运营者打算走常规路线还是走直播带货路线，都可以通过直播互动来拉近用户与自己的距离。

直播对运营者有一定的要求（见图 4-7），哪怕运营者的目的就是带货、赚取利润，也不能表露得过于明显，因为此时并非处于专门带货的场景，主要目的是互动引流。在粉丝基础还不是很稳固的时候，运营者如果在直播过程中反复推销产品并且不重视用户的反馈，那么不仅难以获得引流的效果，还会使现有的粉丝快速流失。

图 4-7　直播互动引流的注意事项

因此，运营者在初期最好走比较安全的路线，让直播间的风格更加生活化，与用户像老朋友一样聊聊天，同时注意不要让直播内容与账号定位偏离太远。例如，美食类账号运营者可以开直播与用户交流一下做饭的心得体会，并介绍一些做饭小技巧等。

4. 私信引流

试想一下，如果你对某个账号很感兴趣，关注了它之后发现自己的私信区中跳出一条新消息，内容是“你终于来啦！我们已经等你好久了”，你会不会对这个账号的印象更加深刻一些？不过，私信区设置自动回复的功能目前仅限通过认证的企业号使用。符合条件的企业号不要浪费这个机会，要将其充分利用起来，以获得互动引流的效果。

自动回复可以为企业号提供不少便利，用它来引流几乎是零成本。运营者要在考虑企业号形象的基础上，设置比较有趣、能让用户产生深刻印象的自动回复内容。

5. 线上、线下互动引流

虽然有人说线下实体店近年来呈衰退趋势，但其实会抓机会的商家完全可以打通线上、线下的渠道，为线上账号带来更大的发展空间。例如，许多奶茶品牌选择入驻抖音，并使用了多种多样的互动引流方式，如打卡拍照、与抖音联合推出定制单品等。

在这几种互动引流方式中，前三种的限制相对比较少，后两种对账号及其运营者有一定的要求，运营者要视自身的实际情况选择适当的方式。

4.4 付费推广：抖音付费推广的常见形式与高性价比组合

在日常生活中，我们常常会听到这样一句话："一分钱，一分货。"这句话用在抖音的推广上也是很合适的。不过，作为付费方，运营者也要考虑性价比的问题，否则很有可能出现费用超出预算却达不到预期效果的情况。

在进行付费推广之前，运营者首先要明确自己的推广目的是什么。推广目的主要可以分为两类：一是借助推广来增强账号的影响力；二是完成带货，获得更多的收入。推广目的不同，运营者应该选择的付费推广渠道也有所不同。当然，某些基础的付费推广渠道通用性比较强。

目前，抖音付费推广的几种常见形式如图 4-8 所示。

图 4-8　抖音付费推广的几种常见形式

1. 开屏广告

开屏广告是效果最明显、曝光度最高的付费推广形式，因为所有进入抖音的用户都必须经过开屏这道程序。有时候，我们看到不喜欢的广告就会通过点触“跳过”按钮或刷下一条短视频等方法来跳过它，但开屏广告一般是无法跳过的。对运营者来说，开屏广告是非常不错的选择，但价格相对来说也较高。

有实力的运营者可以购买开屏广告。抖音以时尚潮流为主要特色，因此，已经谈好开屏广告合作的运营者最好根据平台的特色设计广告内容。特效可以适当使用，但不能盖住文字内容。如果开屏广告只给用户留下一个很酷炫的印象，但用户压根没有注意到推广者是谁、推广了什么品牌，那么这笔广告费就花得太不值了。

2. 信息流广告

信息流广告也是比较常见、使用频率较高的一种付费推广形式，比起硬广更容易被用户接受。信息流广告可以灵活地穿插在各类内容中，与过去那种按着用户的头、千方百计地引导用户点进去看的广告相比，这种广告既能获得较高的曝光量，又不会让用户过于反感。

抖音平台可以为运营者提供投放广告的机会，但能不能靠广告内容吸引粉丝、能不能获得流量还要看广告本身的质量。运营者要思考广告面向哪些用户、封面图应该如何选择等问题。

信息流广告的两大优势如图 4-9 所示。

图 4-9 信息流广告的两大优势

（1）精准投放

运营者在投放信息流广告之前，首先要绘制目标用户的画像，这样才能使抖音平台进行比较精准的投放。抖音平台在进行内容分发的时候会根据账号的主要标签自动选择投放群体，使广告内容更加符合用户的喜好。

（2）流量较大

信息流广告在流量多、影响力大的平台上更能发挥作用，抖音正是这样的平台。信息流广告一般针对目标人群进行投放，人群范围大小、活跃度高低等对广告投放效果的影响也很大。

3. KOL 推广

需要引流或带货时，运营者可以根据自己的产品和预算选择合适的 KOL。粉丝基数大、垂直化程度较高的头部 KOL 是运营者要重点考虑的合作对象。联系对方时，运营者既可以直接联系账号拥有者，也可以联系其团队。

合作是双向的而不是单向的，只有双方都满意，合作才算是成功的。谈分成时，最好建立一定的激励机制。综合实力越强的账号，合作的价格就越高，运营者要根据自己的预算选择最合适的 KOL。

4. 贴纸广告

贴纸广告主要面向品牌或知名 IP。例如，2019 年十分火爆的电影《哪吒之魔童降世》的宣发团队就在抖音上线了相应的脸部贴纸、特效。当时有许多点赞量高达十几万、几百万的短视频都使用了这些贴纸，其中不乏明星。

这使本就十分受欢迎的电影得到了更大范围的传播，其票房上涨速度也越来越快。虽然电影自身质量过硬是其获得高票房的主要原因，但抖音贴纸广告的确发挥了一定的推动作用。与其他广告形式相比，贴纸广告受用户欢迎的程度应该是最高的，因为它非常符合抖音平台的特点，很多用户都很喜欢这种灵活有趣的广告形式。

5. 挑战赛

挑战赛与贴纸广告在性质与应用范围上比较相似。大部分运营者不具备在抖音上举办挑战赛的能力，我们在抖音上看到的挑战赛大多是由各种品牌举办的。例如，京东电器就曾在抖音上发起过挑战赛，并设置了很有吸引力的奖项，参与人数多达 39 万。

随着抖音用户规模的持续扩大，挑战赛的形式也变得愈发多样化，各个品牌都在想办法降低挑战赛的门槛并增强其可玩性，目的就是给品牌账号引流，扩大品牌在线上、线下的影响力。

付费推广需要投入不少费用，运营者必须开动脑筋，灵活选用不同的付费推广形式，得出高性价比组合。例如，信息流广告与 KOL 推广相结合的可行性比较高，而贴纸广告能与其他各种付费推广形式组合使用。针对“哪种组合的性价比最高”这个问题，并没有固定的答案，只有最适合运营者、最符合其需求的组合才能创造最大的价值。

4.5 精准引流：定义精准粉丝→绘制精准粉丝画像→精准引流

许多运营者在引流的过程中迷失了方向，也许他们从一开始就没有找对方向。本节将介绍一个概念——精准引流。

我们设想一个场景：A 和 B 都是以带货为目标的抖音电商，双方的粉丝数量在一周内都有不同程度的增加，A 新增了 100 位粉丝，而 B 的新增粉丝数量则是 A 的 6 倍。看到这里，你是不是觉得 B 在电商这条路上会走得更顺利一些？然而，A 的成交量为 40 单，而 B 的成交量则出人意料，连一单都没有。从结果来分析的话，B 可以说什么优势都没有。

为什么会出现这样的情况呢？从表面上来看，明明 B 的引流效果更好，但为什么最终的胜利者却是流量较少的 A 呢？事实上，其背后正是精准引流在发挥作用。别看 A 的新增粉丝数量比较少，但其粉丝质量都很高；而 B 在引流时并没有做精准的定位，所以其吸引来的粉丝除了扩大粉丝规模以外，并不能为创造更多的价值。

有些人的微信里有一大堆联系人，但真出了什么事的时候却找不到一个人说说话；而有些人的微信里虽然没有多少联系人，但个个都能雪中送炭。同理，精准引流追求的是质量而不是数量。

要想实现精准引流，运营者首先要定义自己最希望吸引的目标用户，并思考图 4-10 所示的几个问题。

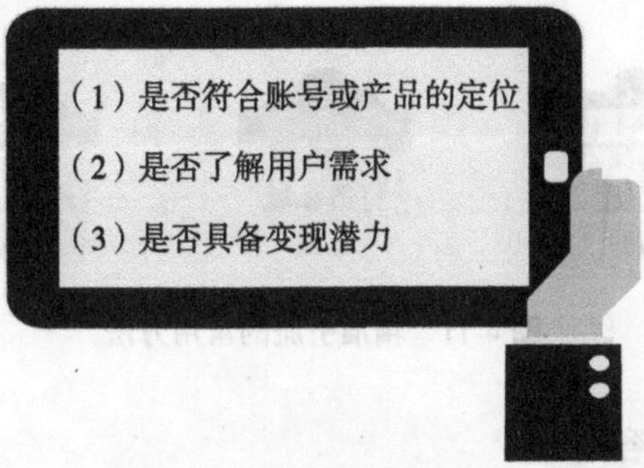

图 4-10　做精准引流前运营者要思考的几个问题

（1）是否符合账号或产品的定位

要想找准目标用户，运营者首先要明确自己所运营的账号或产品的定位。在大部分情况下，已经进入平稳运营状态的账号应该都已经有了初步的定位。

如果需要对产品进行定位，那么运营者要考虑的事项相对来说会更加复杂。首先，运营者要思考产品是否具备市场价值、潜力有多大。其次，运营者要思考在抖音这个平台上，该类产品的竞品多不多，运营难度有多大。为了使后续工作更加顺利，运营者必须尽可能考虑全面。

（2）是否了解用户需求

如果运营者并不了解目标用户的需求和痛点，那么精准引流也就无从谈起了。最起码，你要了解目标用户对什么样的账号感兴趣，会对哪些内容进行点赞、评论，参加哪些线上活动的积极性比较高。

（3）是否具备变现潜力

拥有变现潜力的精准用户对运营者来说是最有价值的，因为运营者可以真正地从他们身上获利。

得出上述几个问题的答案并锁定符合条件的目标用户之后，下一步就是完成用户画像。我们要获得精细的用户数据，用户数据的精细化程度越高，精准引流的效果就越好。虽然对精准引流来说，用户质量是第一位的，但只获得一两个精准粉丝意义也不大，我们要获得尽可能多的精准粉丝。

精准引流的常用方法如图 4-11 所示。

图 4-11　精准引流的常用方法

（1）输出优质内容

以固定频率输出短视频是抖音上所有运营者都要完成的基本任务，这只是吸引、留住粉丝最基础的手段。要想比竞品更快地扩大精准粉丝规模、提升精准粉丝的整体质量，运营者就必须先拿出诚意，也就是为用户创作更多具有吸引力、创意十足的优质内容。

（2）打造私域流量

吸引来一定数量的精准粉丝之后，运营者并不能就此掉以轻心，因为在这个快节奏的时代，用户往往来得快、去得也快。为了巩固与精准粉丝的关系，运营者必须考虑打造私域流量。抖音对微信引流的管制是比较严格的。通过个人资料、私信等进行引流时，要注意别违反抖音平台的规则。

（3）进行适当推广

抖音上付费推广和免费推广的形式有很多，运营者可以根据个人情况进行选择。虽然内容输出是主要的引流方式，但各类推广也不失为好的辅助工具，尤其是开屏广告和信息流广告，运营者一定要做好推广规划。

【案例】为何说 5 万精准粉丝的价值比 20 万普通粉丝高很多

我们先来看两个数据：5 万与 20 万。假如没有设置任何前提条件，只说这是两个账号的粉丝数量，然后问你哪个账号的实力更强、发展潜力更大，想必大多数人都会毫不犹豫地选择后者。但如果再增加一个条件——前者的 5 万粉丝都是精准粉丝，而后者的 20 万粉丝在构成方面比较复杂，大部分都是普通粉丝，那么上面那个问题的答案是否还一样呢？

对刚刚入驻抖音的新手来说，粉丝规模不断扩大无疑是一件令人欣喜的事情。当然，也有一些运营者会思考粉丝质量的问题，但一般不会将其放在首位。不同的运营者有不同的想法，有些人的目标非常明确，从正式运营账号的那一刻开始就已经决定要以吸引精准粉丝为主，还有一些人则选择无差别地吸引粉丝。

这些选择并没有绝对的对与错，毕竟每一位运营者的实际情况、目标都不一样。不过，想要做出一番成就或者打算向电商方向发展的运营者基本上都以获取尽可能多的精准粉丝为目标。为什么这么说呢？主要还是因为精准粉丝具备极大的价值。

精准粉丝的价值主要体现在图 4-12 所示的几个方面。

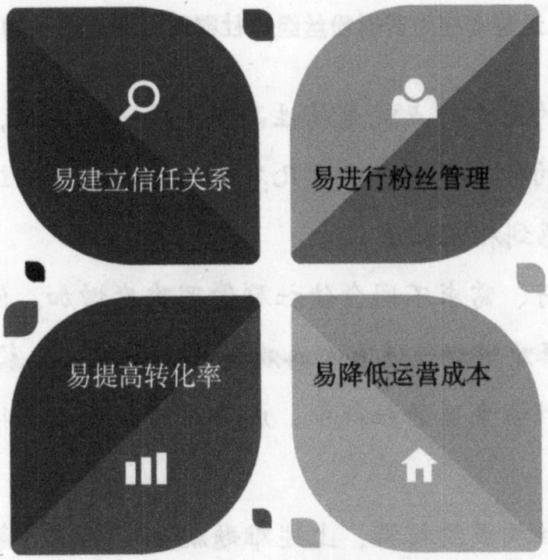

图 4-12 精准粉丝的价值

1. 易建立信任关系

在略显浮躁的互联网环境中，“信任”这个词显得弥足珍贵。对广大运营者尤其是那些打算带货的运营者来说，与粉丝建立信任关系可以带来巨大的回报。

做生意不能靠强买强卖，唯有获得用户的信任，账号才有可能持续地发展下去。

2. 易进行粉丝管理

在粉丝数量达到一定水平后就着手打造社群的运营者并不少见，毕竟如果能够将社群运营工作做好，那么从中获得的回报将会十分可观。

不过，在没有走吸引精准粉丝这条路的前提下，运营者在为普通粉丝组建社群时很有可能会遇到各种难题（见图 4-13）。

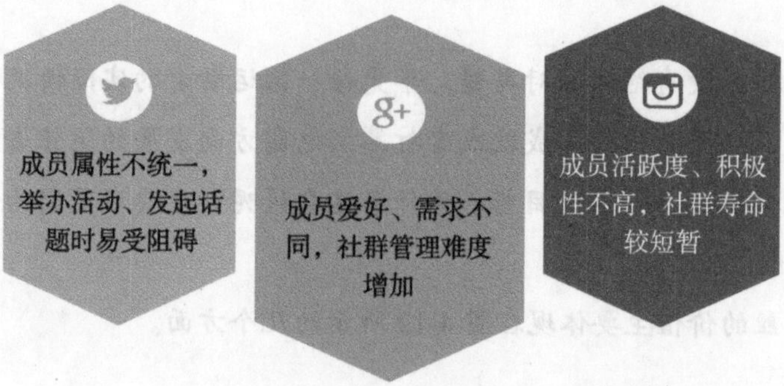

图 4-13　运营者在为普通粉丝组建社群时可能会遇到的难题

首先，普通粉丝的最大特点就是属性高度不统一。例如，一个群的成员年龄相差太大，十几岁的学生也有，四十几岁的中年人也有，这会让运营者在举办活动或发起话题时感到相当棘手。

其次，成员的爱好、需求不同会使社群管理难度增加。例如，一部分人喜欢运动，另一部分人喜欢游戏，还有人喜欢美食，如何让大家都满意呢？

最后，在普通粉丝占主体的社群中，成员的活跃度不会很高，社群的寿命往往也并不长。

如果是由精准粉丝构成的社群，上述难题就会变得很好解决，或许根本就不会出现这些问题。

3. 易提高转化率

许多人宁愿要 5 万个精准粉丝也不愿意要 20 万个普通粉丝，前者虽然数量少，但转化率却非常高。这是为什么呢？原因在于“需求”这两个字，因为大多数交易都是在有需求的前提下完成的。

例如，一位运营者专注于推荐流行零食，其针对的目标用户也是对此感兴趣的人，多数是一些年轻的女性，她们对零食有需求、有兴趣，所以下单的可能性非常高。如果这位运营者吸引来的粉丝并不精准，涵盖了各个领域的用户，那么转化率就会明显下降，因为有很大一部分用户对零食并没有强烈的需求。

4. 易降低运营成本

精准的账号定位与用户画像可以使运营成本得到有效的控制，因为精准粉丝的主动性很高，这可以弥补运营者在付费推广方面的不足。另外，在进行社群管理时，由于粉丝匹配度极高，所以管理成本也很低。最后，时间也是很宝贵的，运营越顺利就越能节约更多的时间成本。

第 5 章

粉丝运营：实现整体增长的同时找到自己的忠实粉丝

某些明星之所以能够在新人辈出的环境中保持竞争力，就是因为其背后有一批非常忠实的粉丝。在抖音上，每位以短视频创作为主业的运营者都在格外用心地做着粉丝运营这项工作。自然涨粉、推广涨粉、活动涨粉这些涨粉方式各有优势，与粉丝的互动则是一门需要认真钻研的学问。忠实粉丝带来的回报十分显著，所以运营者一定要做好培养并留住忠实粉丝这项工作。

5.1 基本技巧：百万级以上大号在粉丝运营上的相似之处

在抖音上，粉丝数量超过百万的账号可以说很成功了，当然，前提是这些粉丝都是真实的，没有“僵尸粉”。虽然很少有人能够在短短几天内就获得上百万的粉丝，但运营者仍然可以学习、揣摩这些账号的运营思路和方法。毕竟，比起摸着石头过河，借鉴他人的成功经验更有可能获得成功。

粉丝越多，对运营者能力的要求就越高。拥有百万粉丝的账号在运营方面有着较多的相似之处，如图 5-1 所示。

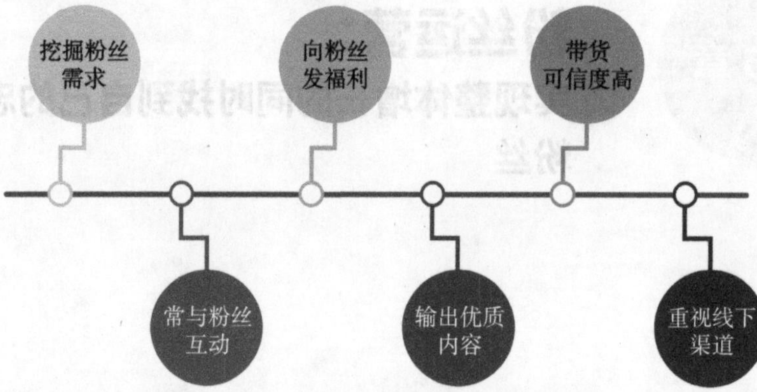

图 5-1　百万级抖音账号在运营方面的共同点

1. 挖掘粉丝需求

如果运营者具备打造社群的意识，并且认真地做了粉丝运营方面的工作，那么其在挖掘粉丝需求的时候就会更加轻松一些。毕竟，社群最根本的作用就是让运营者与粉丝联系得更加紧密，使运营者能够更加直接地听到来自粉丝的真实声音。

如果暂时没能打造出社群体系，也没有关系，运营者可以通过评论区或私信区收集粉丝的需求。大部分粉丝并不会过于直白地表示“我希望短视频里面有这样一些内容……”或“希望下一条短视频能介绍一下……”，运营者要注意辨别某些委婉的需求表达。当然，运营者不必照单全收，粉丝的意见固然很重要，但可行性也是要考虑的，满足每一位粉丝的需求几乎是不可能做到的。

2. 常与粉丝互动

与粉丝互动的重要性如何强调也不为过。保持“高冷”人设或许在某些场景下会很有效，但在抖音这个竞争异常激烈的环境中，减少与粉丝的互动基本上等于自取灭亡。运营者要认识到这一点：虽然自己可以提供给粉丝一些东西，如快乐、缓解压力的内容或某些产品，但如果没有粉丝的支持，那么这些东西就没有任何价值了。

3. 向粉丝发福利

福利可大可小，要根据运营者自身的实力来定。刚起步的账号可以采用成本比较低的方式发福利，如念出、抄写粉丝的昵称并在短视频中展示等。如果粉丝量破百万的账号还在用这种方式发福利，粉丝就会觉得运营者对粉丝不重视、不用心。发福利并不一定需要运营者砸多少真金白银，但一定要与账号的形象和实力相匹配，否则反倒容易导致粉丝流失。

4. 输出优质内容

归根结底，吸引粉丝要靠短视频本身，这一点即便在拥有了百万粉丝之后也不会改变。按常理来说，短视频的质量应该随着粉丝数量的增加而逐渐提高，毕竟只有优质内容才能吸引更多的粉丝。但是，某些运营者在粉丝数量达到一定水平之后，反倒忽视了内容质量，导致老粉丝纷纷离开。

另外，某些运营者进入瓶颈期的时候会考虑转型。这是一种风险极高的行为，最好在与粉丝沟通到位的前提下进行，不要毫无预兆地彻底改变内容风格。

5. 带货可信度高

抖音上从来不缺少带货的人，不过能坚持下来并且建立良好口碑的百万级账号却不算多。毕竟，抖音带货与淘宝店卖货还是有区别的，后者的交易体系更加成熟，而前者基本上依赖于粉丝对带货者的信任。

也就是说，运营者要想获得更好的带货业绩，就必须增强粉丝对自己的信任。无论是自己选品还是帮品牌商做推广，运营者都一定要保证产品质量过硬。抖音的交易体系还不完善，目前还存在许多问题，因此运营者一定要通过各种手段让消费者安心（见图 5-2），并做到这几点：有问题及时处理；有质疑及时回应；哪怕由于个人疏忽导致产品出现了什么问题，也要避免用逃避的态度面对问题。

有问题及时处理
01
02
有质疑及时回应
避免用逃避的态度
面对问题
03

图 5-2　在抖音上带货时如何让消费者安心

6. 重视线下渠道

拥有百万粉丝的账号不能再拘泥于线上，也要重视线下渠道。例如，papi 酱也会参与一些线下的演讲活动或颁奖典礼；李子柒虽然个人形象比较“仙”，但并不是真的不食人间烟火，其出席的线下活动也有很多。运营者不能忽视线下渠道，特别是在已经有能力在线下做一些事的时候，线下渠道通常能够将自己与粉丝的距离拉得更近。

5.2　自然涨粉：“独特视角 + 击中痛点”最易杀出竞争红海

抖音涨粉这件事看起来不难，但其实很复杂。每一位运营者都希望实现快速涨粉，然而许多运营者都会遇到涨粉速度慢、粉丝质量低等问题。面对棘手的问题，有些人选择放弃，有些人则将目光投向了灰色地带，甚至付费买粉，这些都是错误的做法。归根结底，健康、稳定地涨粉才是所有运营者都希望看到的。

与付费买粉相比，自然涨粉的涨幅似乎不是很大。然而，如果我们深入分析，就不难发现自然涨粉更能为运营者提供巨大的帮助（见图 5-3）。

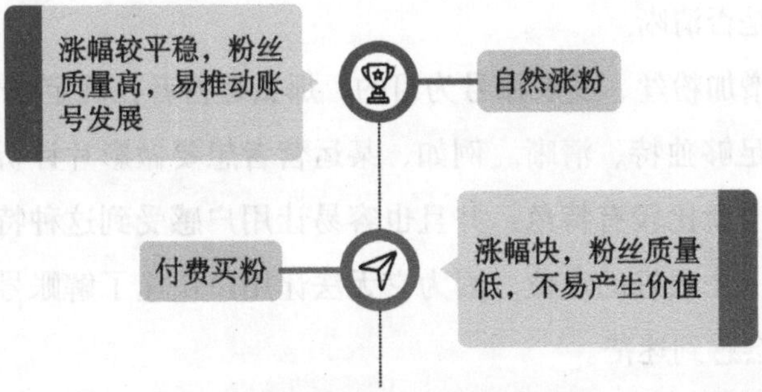

图 5-3　自然涨粉与付费买粉的对比

付费买粉之所以会有市场，主要是因为这种方式十分便捷、高效，运营者不需要耗费过多的心思在短视频的创作、推广上，粉丝规模就可以迅速扩大。但是，通过这种方式获得的粉丝质量普遍很低，有很大一部分都是“机器人”账号，并不会与账号发生任何互动，只会静静地躺在粉丝列表中。

要想让账号获得长远的发展，只靠付费买粉肯定是不行的。自然涨粉的优势就在于它能让运营者获得一批真实的粉丝，这些粉丝会做出反馈，还会进行消费，他们才是真正推动账号发展的核心力量。

不过，如果通过自然涨粉一天都涨不了一两个粉，那么账号的发展也就无从谈起了。为了通过自然涨粉杀出重围，运营者要为账号找一个独特的视角。这里说的独特，并不是让运营者开辟冷门领域，而是从账号定位与内容设置等方面去营造某种独特感。毕竟，当前抖音上内容同质化的现象比较突出，用户会频繁刷到内容相似度较高的短视频，久而久之也会产生审美疲劳。如果这时候有一个视角独特的短视频账号出现，它就很有可能成为一匹黑马。

在寻找独特视角的时候，运营者要思考图 5-4 所示的几个问题。

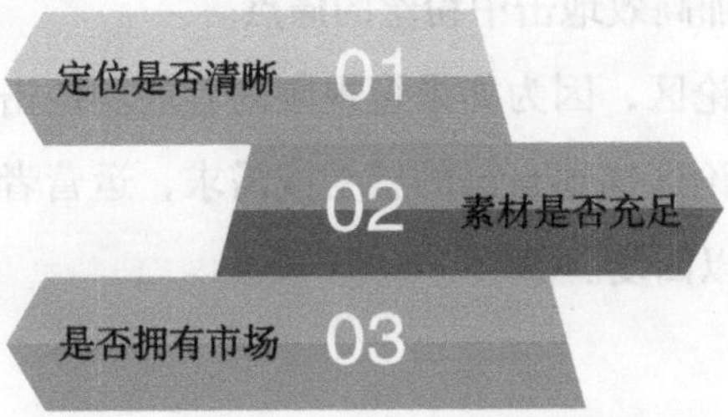

图 5-4　寻找独特视角时要思考的问题

（1）定位是否清晰

既然是以增加粉丝、发展账号为目的，那么运营者在确定账号定位的时候，就一定要让其足够独特、清晰。例如，某运营者想要做影片评析类短视频，这个定位在抖音上就比较有特色，并且也容易让用户感受到这种特色；做影视类短视频就不是一个很好的定位，因为它无法让用户快速了解账号定位，运营者在创作时可能会感到迷茫。

（2）素材是否充足

按时输出内容是保证账号自然涨粉的基础之一，但前提是运营者有比较充足的素材可以使用。即便是同一细分领域，适用于不同视角的素材也会有所差异。素材过少容易导致运营者在创作短视频时受阻，进而影响内容质量。

（3）是否拥有市场

从长远来看，运营者还要评估该视角是否拥有市场，是否具备商业价值。大部分细分领域都是具备商业价值的，区别在于价值高低。运营者要对此进行客观分析，毕竟是否拥有市场、市场规模大小也会对账号的长远发展产生影响。

运营者找到独特的视角之后，如果能够将最基础的创作环节做到位，那么粉丝的自然增长速度应该会有所提升。不过，仅仅如此还不够。在抖音这样一个复杂的平台上，具备"通过独特的视角来吸引粉丝"这种意识的人并不少，运营者还需要加一剂猛药，即挖掘、解决粉丝的痛点。

只有做到这一点的运营者，才能真正与粉丝建立牢固的关系。那么，运营者如何才能高效地击中粉丝的痛点呢？常用的几个技巧如图 5-5 所示。

（1）开设话题

运营者可以自行在抖音上开设话题，也可以将话题放到短视频内容中。话题讨论能让运营者更加高效地击中粉丝的痛点。

运营者要重视评论区，因为如果短视频内容成功地击中了粉丝的痛点，那么粉丝就有可能在评论区描述自己的感受或需求，运营者要注意筛选那些价值较高的内容并及时予以回复。

图 5-5　击中粉丝痛点的技巧

（2）解读粉丝心理

擅长剖析、解读粉丝心理的运营者往往在挖掘粉丝痛点时占据更多的优势，因为并不是所有人都会将自己的真正需求用语言表达出来。此时，如果运营者可以通过各种信号解读粉丝的真实心理，就能更加精准地挖掘粉丝的痛点。

（3）增强内容的针对性

如果运营者只是挖掘出了粉丝的痛点，却没有采取任何行动，那么做这项工作就是毫无意义的。运营者有无数种方式去解决粉丝的痛点，但一定要将内容输出摆在核心位置，毕竟这才是主业。一般来说，情感类短视频最容易调动用户的情绪。

（4）关注群体痛点

解决粉丝的痛点不能采取一对一的方式，否则效率太低了，效果也不会很好。运营者在寻找独特视角的时候可以强调独特性、差异性，但在解决粉丝痛点的时候还是要更加关注群体痛点。

如果运营者走的是吸引精准粉丝的路线，那么其粉丝群体的相似度应该比较高，统一解决其痛点也会变得比较容易。虽说运营者也可以对某些核心粉丝群体的痛点进行挖掘，但从整体上来看，还是解决集体痛点的做法更加高效。

5.3 推广涨粉：如何通过 Dou+ 推广涨粉实现效益最大化

从严格意义上来说，Dou+ 并不算一款软件，它是抖音平台推出的一个引流工具，自 2018 年上线后得到了抖音运营者的一致好评。前文介绍了不少付费引流方式，但为什么 Dou+ 在其中占据着非常特殊的地位呢？下面对其功能进行简单介绍，并介绍一些效益最大化的付费方案。

无论是新人还是粉丝众多的 KOL，都可以借助 Dou+ 实现自己的目的，如涨粉、让短视频上热门、增加互动量等。Dou+ 虽然对使用者不设置任何门槛，但并不是免费提供服务的，运营者需要缴纳一定的费用去获得相应的服务。以 Dou+ 目前给出的数据来看，费用并不算高，即便是还没有盈利的新人也可以承受，只需支付 100 元就可以得到 5000 左右的曝光量。

这样的曝光量对于目标较高的运营者来说是远远不够的，他们需要更多的流量、更多的新粉丝，所以他们需要支付的费用也更多。部分运营者的资金比较充裕，但这并不代表他们可以不做任何付费方案的规划。

运营者要想通过 Dou+ 实现效益最大化，就要做好图 5-6 所示的几项工作。

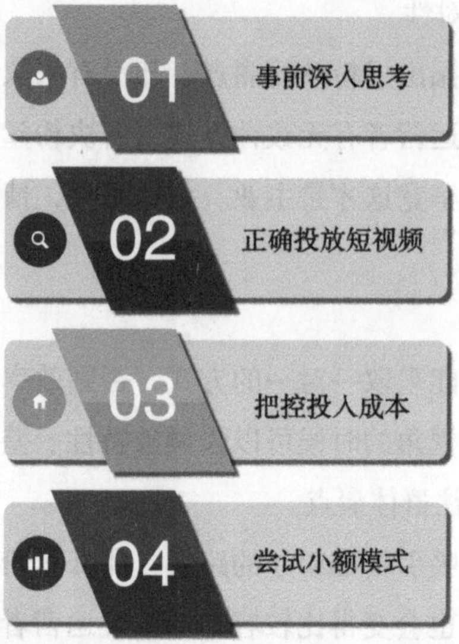

图 5-6　通过 Dou+ 实现效益最大化时要做好的几项工作

1. 事前深入思考

在使用 Dou+ 时，许多企业和个人用户都会走进一个误区：对 Dou+ 的引流能力过于信任，认为自己完全不需要做什么，Dou+ 就像一位全能的秘书一样，可以将所有工作都做好。如果运营者抱有这种想法，就会在结果达不到预期时认为 Dou+ 完全没有什么作用。其实，这完全是因为运营者对 Dou+ 的功能认识不足，也没有将分内的工作做好。

使用 Dou+ 做推广的运营者大多数都想得到价值更高的“综合套餐”，而不是单纯地增加播放量或粉丝量，况且这对一些企业号的帮助是很小的。Dou+ 只充当引流者的角色，却不负责保证后续的收益。

打个比方，你的短视频相当于一个干巴巴的馒头，在你付费后 Dou+ 只负责叫来 5000 个人。人虽然都到场了，但是看着馒头毫无食欲，因此无法产生任何购买行为。这时，你能指责工具不给力吗？事实上，到这里为止 Dou+ 的基本任务已经完成了，它只能帮你引来流量，但既不能让馒头变成汉堡，也不能强迫用户消费。

因此，在购买 Dou+ 服务之前，运营者一定要深入思考这几个问题：我要投放的短视频质量如何？是否针对明确的用户群体？哪些短视频适合做推广？只有得出这些问题的答案，才能产生一个比较清晰的思路，并更好地达到自己的目的。

2. 正确投放短视频

Dou+ 目前主要支持三种投放形式，分别是系统智能推荐、自定义投放与达人相似粉丝投放（见图 5-7）。下面简单介绍一下这几种形式。

系统智能推荐是指运营者可以将投放工作交给系统完成，系统会根据账号标签、视频风格等识别潜在粉丝，然后将短视频推荐给特定的群体；自定义投放则是由运营者自行设置相关内容，可供设置的内容包括投放目标（包括用户的性别、年龄等）、期望的投放时长等。一般来说，自定义投放的设置越精准，运营者需要承担的投放成本就越高。使用达人相似粉丝投放这种形式的运营者相对较少，它是指先选定相同领域的 KOL，再将短视频推荐给他们的粉丝。

图 5-7　Dou+ 支持的投放形式

运营者可以根据自己的需求、喜好等选择投放形式，但要注意一个非常关键的问题——对短视频进行筛选与评估。运营者要对已经发布的短视频进行客观的分析，了解短视频的初始流量。

如果某条短视频的初期反馈比较好，就可以考虑为该短视频购买 Dou+ 推广服务进行适当的投放。虽然不能排除某条热度一般的短视频在之后忽然火起来的可能性，但对某些预算紧张、无法承担较高风险的运营者来说，还是将投放重心放在潜力比较大的短视频上好一些。

在投放时，运营者可以看到消耗的金额与相应的投放进度，这有利于运营者对短视频进行更准确的评估。如果短视频刚刚发布，那么 Dou+ 可以带来至少 1 万的播放量；如果短视频已经处于非常火爆的状态，运营者想要加一把柴火，那么同样可以通过购买 Dou+ 服务来获得更多的流量。

3. 把控投入成本

在初次使用 Dou+ 时，不要在毫无规划的情况下就砸大笔资金做推广，一定要根据投放效果决定后续的操作。前期可以用很小的金额试水，如果用户反馈不好，就应该停止投入或者换一条短视频进行尝试；如果投放效果比较好，就可以尝试对短视频做进一步的投资。这是一种比较保险的试错手段，对新手来说尤其适用，即便达不到效益最大化，也不会造成亏损。

投放是否有效果可以通过短视频的综合数据来判断。普通账号可以观察投放后的涨粉情况、点赞量与评论量等，播放量呈现上涨趋势是肯定的，不需要将关注点过多地放在播放量上。对电商运营者来说，判断投放是否有效果、是否值得继续投入就更加简单了——只需分析成交情况如何。如果成交量大幅度增长，甚至产品有成为爆款的趋势，就要加大投入；如果成交量走势比较平稳，就要考虑有没有继续投资的必要。

4. 尝试小额模式

小额模式适用于预算不多的新手、想要对短视频的潜力进行评估的运营者和想要提高转化率的带货者。具体的操作方法也很简单：每次投入都不超过200元，运营者也可以适当地调整金额，然后紧盯各项数据的变化，在热度产生明显的下降趋势时再投入小额成本重新将其“唤醒”。

5.4 活动涨粉：官方话题活动与自建话题活动相辅相成

通过活动来涨粉是各大品牌经常做的事情，这对个人号而言难度较大，毕竟自建话题活动虽然对参与者来说门槛通常不会太高，但对运营方的要求却很高。在抖音各项资源日渐紧缺的当下，知名度越高的品牌就越有危机感，所以大品牌经常会通过自建话题活动的方式吸引粉丝，增强自身影响力。

挑战赛与话题活动在性质上比较相似，但前者无论是曝光度还是投入成本都远高于后者。即便某些品牌真的“不差钱”，抖音也不可能每天同时发起多个挑战赛，预算再高也要按规矩排队。

话题活动作为替补手段，可以有效地满足品牌商的需求。例如，海尔就在抖音上通过企业号发起过“# 六一就要雷欧一下”的模仿类话题活动，并设置了相关奖项，参与人数非常可观。对品牌商来说，话题活动是性价比较高的一种涨粉方式，其主要优势如图 5-8 所示。

图 5-8　话题活动的优势

（1）活动成本较低

话题活动更适用于企业号，而非普通的个人号。即便是企业号，也不可能每一个背后都是拥有巨大影响力的大型企业，有些只是刚成立的小企业，急需流量，但预算并不多。如果选择自建话题活动，而且活动形式选择得当，那么运营者很有可能获得非常丰厚的回报，包括粉丝大幅度增加、短视频上热门、产品销售额不断攀升等。

（2）活动形式多样

既然是自建话题活动，那么活动形式完全由品牌商设定，比较常见的就是模仿类或拍照打卡类活动。除了不能违反平台规则，参与标准、方式与奖励等都是品牌商说了算，这种极高的自由度使品牌商可以更高效地调配资源、安排时间。

（3）活动效果显著

在一般情况下，规范性、完整度较高且给出相应奖励的话题活动，其效果都不会太差。抖音平台聚集的流量庞大，其对企业号的扶持力度也很大，多数企业号都可以通过话题活动获得比较显著的效果。活动的参与度高，企业号的涨粉速度自然会非常快。

除了自建话题活动，运营者还可以将目光投向官方发布的话题。抖音的官方话题曝光度非常高，像“# 女装新品日”“# 迎春尝鲜节”这类由平台发布的话题活动都是品牌商可以利用的。

自建话题活动的运营者一定要避免让流量聚集到竞品那边。虽说运营者在设定话题时的自由度比较大，但也需要了解一些注意事项（见图 5-9），这样才能使活动效果变得更好。

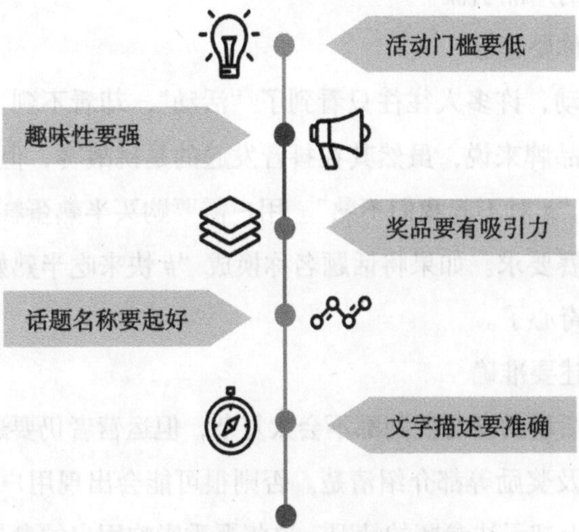

图 5-9　自建话题活动时的注意事项

（1）活动门槛要低

既然品牌商的主要目的是涨粉，就不能将活动门槛设得太高，而要尽可能敞开大门让用户参与进来。以目前的情况来看，大多数话题活动无论形式怎样，参与难度都算不上高。其中，打卡拍照是最简单的形式之一。当然，也会有一些特殊情况，例如，某些品牌做活动的目的是回馈核心粉丝，所以会以粉丝级别或消费指数等指标对参与者进行筛选，但这种情况非常少见。

（2）趣味性要强

虽说企业号自建话题活动大多能取得不错的效果，但如果运营者对活动丝毫不上心，只采用最常规的方式去办活动，或者直接套用往期活动的做法，那么用户的参与积极性肯定会受到影响。话题活动的主要形式就那么几种，但这并不代表没有创新的空间，打卡的方式、音乐的流行度等元素都可以增加活动的趣味性。

（3）奖品要有吸引力

运营者在举办活动的时候会考虑许多方面，但大多数用户主要还是受到奖励的吸引而去参与活动的。品牌商不能过于自信，自身的影响力与诱人的奖励并不冲突，不能用前者代替后者。知名品牌在选择奖品时要多选择自家产品，避免为其他品牌的产品引流。

（4）话题名称要起好

对于话题活动，许多人往往只看到了“活动”，却看不到“话题”。就拿快乐柠檬这一奶茶品牌来说，虽然其在抖音发起的是挑战赛，但话题名称也可以用来做参考——“# 对不起我们不熟”。用户需要购买半熟蛋糕珍珠奶茶这款饮品，才能达到参赛要求。如果将话题名称换成“# 快来吃半熟奶茶”，恐怕就无法勾起用户的好奇心了。

（5）文字描述要准确

尽管大部分活动的参与规则都不会太复杂，但运营者仍要通过文字将时间、地点、参与方式及奖励等都介绍清楚。否则很可能会出现用户自以为达到了参赛标准，但实际上却无法参赛的情况，这将严重影响用户的参与积极性。

5.5　粉丝互动：粉丝互动的四个重要方面及相应的提升技巧

与粉丝互动越频繁，互动效果就越好，就越容易与粉丝建立信任关系，运营工作也会因此而顺利许多。运营者必须掌握与粉丝互动的技巧，这样才能保证账号的长远发展。

某些个人号的运营者在现实生活中是比较“高冷”的人，并不热衷于社交。如果他们在抖音上只是想分享一下自己的生活或想法，那么继续保持这种风格并没有什么问题。但如果想要走商业化的路线，这种风格就有很大的问题了。抖音上的 KOL 有很多，新人层出不穷，一旦运营者与粉丝之间由于缺少互动而关系变淡，那么粉丝就会转而关注他人。

运营者不要过于自信，不要认为自己完全可以凭内容质量取胜，不必与粉丝互动，除非你的短视频可以长年累月待在榜单第一名。

运营者要把握好与粉丝互动的四个重要方面（见图 5-10），并掌握相应的提升技巧。

图 5-10　与粉丝互动的四个重要方面

1. 粉丝积累

运营者需要精准粉丝，运营者要让精准粉丝的数量呈现出稳定增长的趋势，而不是长期保持在同一水平。为此，运营者必须将最基本的粉丝运营工作做好，先把粉丝积累起来。运营者要充分利用评论、私信这两大功能区。

尽管精准粉丝在不同的运营阶段都很重要，但如果一定要按照重要程度对不同阶段的粉丝进行排列的话，初期粉丝的价值还是最高的。在粉丝数量还不多的时候，运营者与其进行的互动往往更加高效，运营者基本上能够将每一位粉丝都照顾到。初期粉丝也是最容易产生黏性的，关注账号时间较长的粉丝将见证短视频内容质量一步步提升的过程。

因此，在运营初期，评论区的价值非常高，即便评论者屈指可数，运营者也不要为此感到沮丧，而要抓住这一机会，尽可能通过评论互动将这些用户都转化为自己的粉丝。在互动时，一定不能过于生硬，不能让对方产生一种应付差事的感觉。运营者要通过互动来塑造自己的形象和风格，而且后期也不要经常变化。

运营者不必通过私信与每一位新粉丝打招呼，而要将私信与评论区结合起来使用。例如，某个账号做的是烹饪类短视频，用户可能会对某个烹饪步骤产生疑惑，或者想要购买短视频内出现的一些物品，这时运营者就可以通过私信来解决这些问题。不过，私信互动也不能过于频繁，否则可能会产生一些风险。

2. 建立信任

运营者在积累一定数量的粉丝之后，就要开始在继续吸引粉丝的同时将目标转向与粉丝建立信任关系。在抖音上，知名度较高的账号往往都有一批忠实粉丝，这批粉丝往往是为其创造最多价值的群体。

与粉丝建立信任关系是一件长期的工作，不要妄想在短短几天内就可以让粉丝产生极强的黏性。运营者要充分利用抖音的现有资源，例如，直播比短视频的互动效果更好、操作空间也更大，运营者可以利用直播功能增强与粉丝的互动。

此外，运营者也可以通过最常见的发福利的方式增强粉丝的信任感，这种方式可以有效地提升粉丝的活跃度。运营者可以根据粉丝需求或个人喜好设定福利的内容。

3. 粉丝管理

开展粉丝管理的目的是打造自己的私域流量，这要求运营者建立自己的社群。进入粉丝管理这一阶段往往意味着粉丝规模已经达到了一定的水平，而且运营者也已经有了丰富的运营经验。

通过社群与粉丝进行互动可以增强运营者与粉丝之间的关系。不过，运营者在互动的过程要注意遵循图 5-11 所示的几项基本原则。

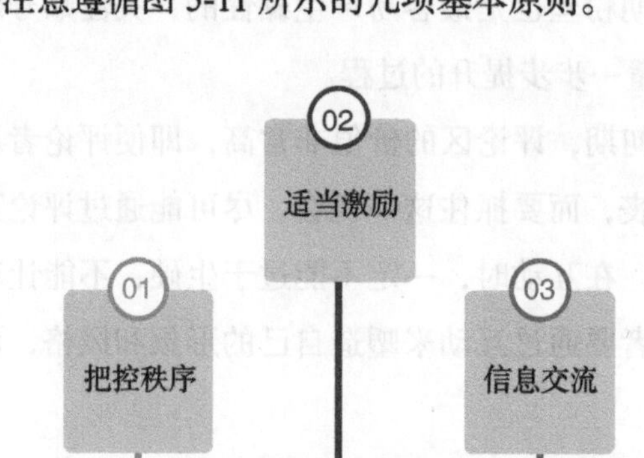

图 5-11　社群模式下与粉丝互动时的基本原则

（1）把控秩序

当运营者发现社群成员做出恶意引流或私自打广告等行为时，一定要立刻处理，不能一味地纵容他们。

（2）适当激励

激励是粉丝互动中很重要的一项内容，适当激励有助于提高粉丝的积极性。在社群内不一定非要采用物质激励的方式，头衔、成就等精神激励对粉丝也有很大的吸引力。

（3）信息交流

并不是时不时发表一两个话题就算完成了互动，在节假日道一声问候、与粉丝交流一些日常生活方面的话题才能让粉丝感觉到自己很受重视。

4. 完成转化

有些运营者在粉丝运营方面做得很好，但在转化、变现时却出现了问题。运营者产生想要变现的想法很正常，但要让这一过程慢一些、自然一些。前一天还是常规的运营状态，第二天就开始打商业广告、接各种推广，这对粉丝来说是很难接受的。

带货是抖音未来的发展趋势之一，但这并不意味着抖音支持运营者明晃晃打广告的行为，运营者如果有此方面的打算，最好先在社群或其他功能区与粉丝沟通一下，了解粉丝的态度与需求。运营者也可以通过直播互动来促进转化，但要保证互动方式符合粉丝的需求，让广告的形式更容易被用户接受。

【案例】小哪吒三周暴涨30万粉丝背后的秘诀

入驻抖音的人越来越多，其中很多人都从事过自媒体运营方面的工作或者拥有账号运营、视频拍摄等方面的经验，这也间接加剧了账号之间的竞争。在这样的环境下，有一个新账号以相当强势的姿态出现在了人们的视线中，粉丝数量从最初的几十在短短几周内就迅速增加到了30万，这个速度无疑是非常惊人的。

这匹黑马就是“小哪吒”，不过这并不是其最初的账号昵称。当然，改名并不是小哪吒快速走红的原因。下面，我们就来分析一下小哪吒，看看她究竟有哪些值得借鉴的涨粉秘诀（见图 5-12）。

图 5-12　小哪吒的涨粉秘诀

1. 形象没有距离感

小哪吒从发布第一条短视频开始就坚持本人出镜，虽说初期的短视频质量还不算太高，但她在外形方面还是很占优势的，这也是小哪吒快速涨粉的原因之一。不过，抖音上从来都不缺帅哥美女，小哪吒如果仅仅依赖外形，或许早就淹没在账号海洋中了。

有许多在最初就关注了她的粉丝都是被那个关于马甲线养成教程测评的短视频吸引过来的。作为测评主角，小哪吒的身材相对来说还是很标准的。但她却并没有将重点放在好身材上，反而在走反差化的路线。用户可以看到她的腹部脂肪其实并不少，能捏出许多肉。

我们站在用户的角度思考一下：看到一个腹部条件非常好、毫无赘肉的女生做马甲线养成教程测评，大多数人的感觉应该都是很羡慕；但如果看到一个表面上看起来很瘦，但肚子上的肉并不算少的女生，大多数人就会产生一种亲近感，不自觉地将自己代入进去，感到自己与测评者之间的距离变近了。小哪吒充分地利用了这种心理，这也是其涨粉速度很快的原因之一。

2. 初期题材潜力大

抖音上的测评类短视频虽然并不少，不过大多都是开箱或美食测评，对马甲线养成教程进行测评这一题材显得比较独特（见图5-13）。抖音上的女性用户群体比例不低，而且整体上比较年轻，塑造身材这类短视频对其具有较强的吸引力，这也是小哪吒的短视频在初期点赞量就能破万的主要原因之一。短视频有关注度、有需求才会有热度，更何况小哪吒并没有打算只做一两次测评，而是打算跟着教程从头到尾走一遍。

图5-13　小哪吒初期选题具备潜力的原因

当然，也有许多人其实是抱着看热闹的心态去关注她的，目的是想见证一下21天后小哪吒的马甲线究竟能不能练出来，这其实也是一种无形的互动。其实，对小哪吒来说，最后马甲线能否出现并不重要，在此过程中积攒数量可观的粉丝才是最重要的。

3. 文案具有吸引力

认真研究一下小哪吒的短视频文案，我们会发现其文案功底也很强。就拿初期的马甲线测评短视频来说，她虽然是按照时间线进行记录的，但并没有像写日记一样记流水账，里面常常出现“猫咪是我的神助攻”“这样用保鲜膜效果加三倍”等非常生活化的话语。很多短视频文案都没有用什么复杂的词汇，但充满了趣味性。

从这里也可以看出来，小哪吒的认知是很清晰的：虽然她做的是健身教程测评，但根本目的是吸引粉丝，不能真的让自己变成一名健身教练。用户完全可以从其简短的文案中抓住重点，以此推测短视频的内容。

4. 具备转型决断力

在马甲线养成教程测评系列短视频快要收尾时，小哪吒已经通过短视频相关数据明显地感受到了热度的下滑，所以她和她的团队很快便做出了新的决定：调整账号定位，进行转型。对那些粉丝破百万的账号来说，做出这一决定是很困难的，因为其账号风格已经固定了。但对粉丝基数还不是很大的小哪吒来说，适时转型才是最正确的选择。

事实证明，小哪吒的果断转型的确是其飞速涨粉的关键所在。小哪吒选择的新定位十分精准，面向的依然是广大女性群体，但受众范围却扩大了许多。转型后的小哪吒尽管依然选择了测评领域，但测评的对象变成了化妆品、连锁店、流行食品等在抖音上非常热门也备受女性用户青睐的内容。

转型后，小哪吒的文案质量也有了明显的进步（见图 5-14），例如，“星巴克五大秘密，学会超省钱”这一短视频的点赞量达到了 30 多万，该文案充分利用了人们的好奇心和想要省钱的心理。

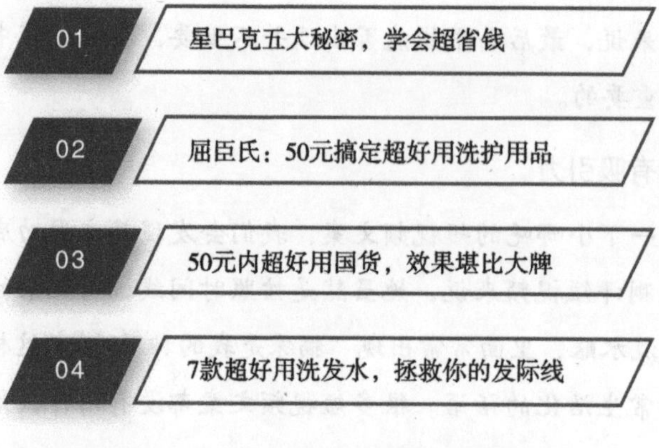
01
星巴克五大秘密，学会超省钱
02
屈臣氏：50元搞定超好用洗护用品
03
50元内超好用国货，效果堪比大牌
04
7款超好用洗发水，拯救你的发际线

图 5-14　小哪吒转型后的部分优秀文案

5. 内容输出较稳定

在用户眼中涨粉速度飞快的小哪吒其实也背负着很大的压力。在抖音这个平台上常常会发生这样的事情：可能今天账号还在飞速涨粉，第二天增速就会露出疲态。在初期占优势并不代表中后期依然如此，小哪吒及其团队也非常清楚这一点，所以他们将重点放在了两个方面：一是发布短视频的时间，二是短视频的内容质量。

小哪吒主要在抖音用户活跃度较高的时间段发布短视频，以11:30和17:30这两个时间点为主，目的就是赶上高峰期，提高短视频的曝光度。其素材储备明显也很充足，每天都能按时输出内容，而且短视频质量始终都保持在中等偏上的水平。

6. 测评发言较真实

测评类账号的运营者经常会处于一种比较尴尬的状态，因为他们必须准确地说出自己的体验，但又不希望得罪品牌商。不过，小哪吒受到的限制不是很大，一是因为她没有测评大品牌的产品，二是因为她虽然会耿直地说出产品的某些缺陷，但语言却非常生动有趣。用户非常喜欢这种真实感较强的测评。

最后，我们还要说一下小哪吒的独特形象：发型是丸子头，眉心点了一点红。这个形象与账号昵称十分契合，加深了用户的印象。小哪吒走红速度很快离不开背后的一系列正确操作，其运营团队发挥的作用非常明显。

第 6 章 数据思维：凭借数据化运营更早、更快地成为 KOL

在抖音上或者说在当前的自媒体环境中，数据思维越强大的运营者，胜出的概率就越高。无论是分析头部账号的动向，还是对单条抖音短视频做基础数据分析，或者是做非常重要的推广、测试工作，都离不开数据。抖音账号的运营人员在对待数据的时候必须做到眼观六路、耳听八方，这样才能为自己争取更多的机会。

6.1 领域数据：分析细分领域竞争激烈程度及头部账号动向

抖音作为一款融入智能算法的产品，自然与数据的关系十分紧密。无论先前是否有过数据分析的经历，运营者都要不断增强自己的数据思维及相关能力。

说到抖音上热门的细分领域，经常刷抖音的用户一定能在第一时间说出好几个：美食、游戏、化妆品、服饰……在这些细分领域中，运营者众多，受众也不少。热度略低一些的细分领域也有很多，其中不乏发展潜力很大的细分领域，如科普、母婴、手工等。如果将抖音上所有的细分领域罗列出来，数量大概可以达到几百个。

作为运营者，无论目前身处哪个领域、是否准备转型，都要掌握数据分析的方法和技巧。没有常开不败的花，小众领域也未必没有做出爆款的可能性，运营者不能被表面的繁荣迷惑，而要根据客观数据制定运营方案。

下面简要说明一下如何分析抖音各细分领域的潜力。分析时要考虑的要素如图 6-1 所示。

图 6-1　分析抖音各细分领域潜力时要考虑的要素

1. 领域大小

这里所说的领域大小是指某领域当前聚集了多少运营者。以求职来类比的话，求职者可能同时面对知名大公司和刚成立的小公司，前者的规模、升职空间都很大，而后者的天花板就比较明显了。但是，我们也不能单凭领域大小这一点就得出结论，毕竟生活中也不乏小公司在后期发展壮大的例子。

像美食、搞笑等领域，无论放到哪个平台上都属于受众面较广、容易受到用户欢迎的领域，虽然不能保证日后也始终红火，但至少在现阶段是一个很适合运营者进入的领域。不过，运营者也要考虑到一点：进入那些过于狭窄的领域，很有可能在短期内是看不到什么明显的成绩的。运营者必须平衡好潜力与风险之间的关系。

2. 竞争指数

竞争指数对平台上的运营者来说是一项非常重要的指标，这项指标在大众领域内变动幅度不大，但在小众领域中却经常有较为明显的变化。那么，我们应该如何衡量某个领域的竞争指数呢？运营者应该关注图 6-2 所示的几个要素。

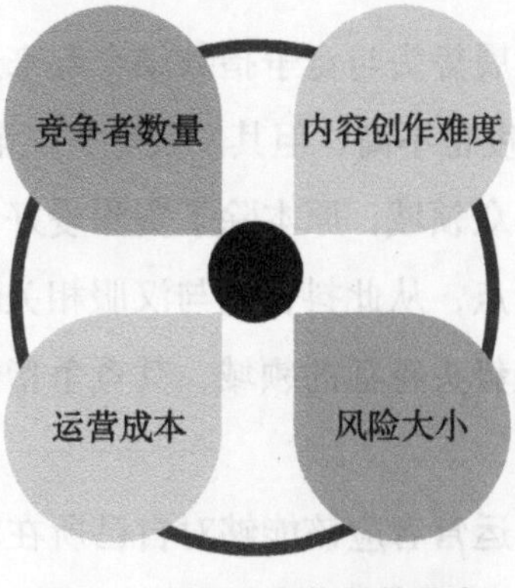

图 6-2　影响竞争指数的要素

（1）竞争者数量

假设你在 A 领域有 50 个竞争对手，在 B 领域有 200 个竞争对手，那么 B 领域的竞争压力明显大于 A 领域。不过，换个角度思考一下，如果竞争对手数量过少，则间接说明该领域的热度不够高，市场尚不成熟，所以具体如何选择还要看运营者自己的规划。

（2）内容创作难度

素材少、内容创作难度大的领域竞争激烈程度相对没那么高。不过，虽然这些领域的竞争并不激烈，但运营难度却提高了。例如，制作剧情类短视频就比较耗费脑力，如果同时追求内容质量与输出效率，运营者将面临不小的考验。

（3）运营成本

大多数热门领域的运营成本还是比较低的，爆款短视频之所以受到欢迎，主要还是因为创意十足或者引入了一些热门元素等。当然，也有一些短视频需要耗费一定的成本才能完成制作，如产品测评、美食探店等。如果活动地点并不局限于某个城市，运营者还要考虑路费、住宿费等。运营成本越高，竞争指数相对来说就越低。

（4）风险大小

每个领域都有一定的风险，其风险大小与竞争指数一般是反比关系。不过，某些领域虽然风险较大，但非常受用户关注。

3. 发展势头

我们可以将领域的发展势头与竞争指数结合起来进行分析，某些热门领域的潜力虽然很大，入手难度也不高，但其发展势头渐渐显露出了疲态。

例如，汉服是一个小众领域，原本除了资深爱好者并没有多少人关注，但在某段时间却迎来了转折点，从此抖音上与汉服相关的话题急剧增多，市场也得到了充分的开发。发展势头越猛的领域，其竞争指数就越高，大家都想赶在最佳时期去分一杯羹。

综合上述三大要素，运营者应该能够对自己所在的领域或者准备进入的领域做出大致的判断。此外，运营者还要多多关注那些头部账号的动向，它们像领头羊一样，可以为其他运营者提供许多方向上的指引。

例如，“会说话的刘二豆”就属于头部账号，其运营手法有许多可圈可点之处，有许多人就是因为该账号的爆红才选择进入宠物领域的。运营者要不定期地分析头部账号的运营情况。就拿粉丝量来说，虽然我们无法掌握十分详尽的账号数据，但公开数据还是可以轻松获取的。以天或周为单位进行测算都可以，最重要的是判断整体情况，粉丝基数大与粉丝涨幅逐渐下滑并不冲突。

大多数头部账号在没有出现特殊情况的前提下，都不会有特别明显的数据变化。例如，今天点赞量还维持在几十万，第二天就掉到几万以下，这对头部账号来说是很不正常的情况。有耐心的运营者可以每天统计头部账号的粉丝量、点赞量等，并按照不同的时间段进行对比，得出自己的分析结果。

如果某些头部账号忽然开始发布一些与其账号定位不符的内容，那么观察到这一点的运营者就必须重视起来。头部账号做出这一举动的原因主要有两个：一是头部账号在当前领域的运营数据在下滑，因此准备发布一些其他领域的内容去试探粉丝的反应；二是出现了更具潜力的新领域，头部账号想要抢占先机。无论哪种情况，这都是很重要的信号，运营者要及时抓住新的机会。

6.2 单条数据：单条短视频数据分析的五个指标及其优化方法

头部账号的动向固然很重要，但运营者也不能将所有注意力都集中到其他人身上，平时还是要多关注自身账号的运营状态。运营者要注意收集相关数据，并将其作为调整、优化运营方案的依据。

尽管抖音在不断开发新的玩法，但短视频就像搭建房子的砖瓦一样，始终处于核心位置，不可被替代。与短视频紧密联系的各项数据就像我们的考试成绩单，能够直接反映我们的能力、优势与薄弱点。因此，运营者要想向头部账号靠拢，就必须做好数据分析工作，相关指标如图 6-3 所示。

图 6-3 单条短视频数据分析的五个重要指标

1. 点赞量

点赞量可以反映短视频质量的好坏。点赞量与用户喜好是正相关的，如果视频点赞量一路走低，运营者就必须进行反思。

提升视频点赞量，说难也不难，说简单也不简单。例如，在快手上比较流行的“求赞”方式就比较直白，出镜者经常会在视频接近尾声时说一句“老铁们记得给我双击”，但这种方式显然与抖音的平台风格并不匹配。

面对点赞量较低的情况，运营者可以尝试图 6-4 所示的几种方法。

图 6-4　提高短视频点赞量的常用方法

（1）内容要新颖

这里所说的新颖并不是要运营者制作在抖音上独一无二的短视频，在内容丰富、竞争者数量众多的抖音上做到这一点并不现实。在运营初期参考、借鉴热门短视频是很正常的事情，但在中后期一定要保证内容新颖。如果内容过于大众化，就很难让用户提起兴趣，更不要说让他们点赞了。

（2）制造记忆点

用户对短视频进行点赞，除了表示自己的喜爱、支持态度，有时还有另一个用意——便于记录。很多人看书时会夹一个书签，看到喜欢的内容会抄写或做标记等，某些抖音用户在点赞时也带着类似的目的，他们想要在以后还能轻松地找到这条短视频。运营者可以对内容做出调整，引入能被用户牢牢记住的元素，诱使其点赞收藏。

（3）设定关键词

短视频的点赞量不高，除了内容质量可能有问题，还有一个原因，那就是曝光不足。如果运营者能够充分发挥关键词的作用，就可以提高短视频获得系统推荐的可能性。

2. 评论质量

短视频的评论区也是运营者要重点关注的地方，运营者不仅要统计评论量，还要对其总体质量进行评估。单条短视频的评论量一般与粉丝规模相匹配，新视频的评论量有所提升，这些都是正常的现象。如果评论量达标，但大多数评论都是简单的语气词或一个表情符号，那么这其实也不利于账号的发展。

为了从整体上提高评论质量，运营者可以使用图 6-5 所示的几个方法。

图 6-5　提高评论质量的常用方法

（1）自创话题

对那些尚处于孵化期的新账号来说，获得许多“神回复”基本上是不可能的，但运营者完全可以通过自己创造话题的方式来带动用户，而不是被动地等待用户评论。为了让用户产生讨论的欲望，一定要创造有趣的话题，同时可以适当地加入一些具有争议性的元素。

（2）提高回复效率

在评论量还不是很高的时候，运营者一定要尽可能抓住每一位留言的用户。为了将其转化为自己的粉丝甚至忠实粉丝，回复的速度一定要快。隔一天或更久才收到回复，用户当然会认为运营者的态度很敷衍。

（3）通过内容进行引导

运营者可以在短视频内容中加入一些可能引发互动的小设计，例如，放一些“如果是你，你会怎么做”这样的问题，引导用户发表评论。

3. 转发规模

在抖音上，比较容易被用户自发传播的短视频以搞笑类、颜值类居多。对于测评、探店类短视频，大多数用户都是抱着了解即可的想法，顶多会和其他人口头交流两句。

如果运营者恰好处于前一类领域，那么只要将工作重点放在提升内容质量上就可以了。如果运营者处于后一类领域，可能就需要借助其他社交平台进行引流，或者将内容方向向态度、情感等倾斜。毕竟，引发共鸣也是让促使用户自发传播短视频的有效手段之一。

4. 完播率

完播率在过去不太受重视，但现在运营者越来越重视这项数据。抖音短视频的时长大多数还集中在十几秒的区间内，如果用户连看完这短短十几秒的耐心都没有，那么短视频的质量一定不怎么样。

短视频的完播率与内容、时长都有一定的关系。据统计，15~20 秒的短视频的完播率比较高。对新手来说，创作处于这个时长区间内的短视频难度不算太高。时间越长，内容越充实，需要考虑的细节就越多，创作难度也就越大。

归根结底，要想优化完播率这项数据，还是要努力提高内容质量。如果用户被短视频吸引，那么自然会从头看到尾，还有可能会反复看好几遍。

5. 粉丝涨幅

很多新手对粉丝涨幅这项数据不太关注，他们的评判标准非常简单：今天涨了 10 个粉丝，明天又涨了 15 个粉丝，就说明自己是有进步的。从某个角度来说，这的确是一种进步，但还需要结合短视频的播放量来综合分析。

假设运营者创作了一条爆款短视频，播放量高达几十万，但粉丝的上涨幅度仍然停留在十几个这样的水平，这就太不正常了。这只能说明运营者在引流方面做得太差了，白白浪费了这些流量。

别看这五项数据非常基础，要想将每一项数据都优化到位，运营者需要投入不少的精力。运营者不要试图一口气改善所有数据，而要由易到难一个一个地优化。

6.3 推广数据：怎样判定投放临界点以决定追加或者放弃

许多运营者在账号发展进入正轨之后，眼界会变得更加开阔，而且会在推广引流方面投入更多的精力与费用。运营者要想获得符合心理预期的推广效果并保证性价比最高，就一定要找准那个关键的临界点。

以长跑比赛来说，每个人在比赛的过程中都会产生疲惫的感觉，都会达到某个临界点，那是一种相对消极的状态，体现为呼吸急促、身体不适感很强等。不过，每个人到达临界点的时间不一样，有的人能克服它并继续跑下去，有些人则很难克服它，跑步速度会越来越慢。

在做推广时，运营者也会面临这种情况。不过，与跑步相比，运营者需要考虑的因素更多。如果摸不准临界点，后续的一系列判断就可能会出现失误。例如，推广的效果其实并不好，继续追加投入也难以使其发挥积极的作用，但运营者认为继续追加投入可以扭转局势，这会使运营者浪费更多的资金和资源。

运营者选择做推广多数是基于两个原因：一是获得更多的流量，二是提升转化率。对于前者，影响临界点的主要因素是短视频的播放量、互动量及粉丝涨幅；对于后者，影响临界点的主要因素是销售额与成本额（见图 6-6）。

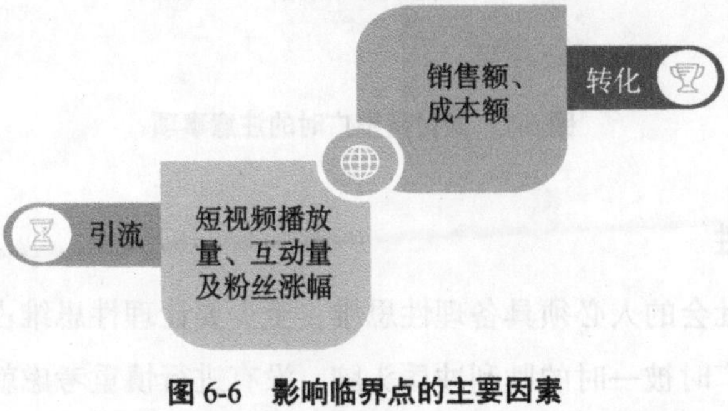

图 6-6　影响临界点的主要因素

在做推广时，如果各项数据增长都比较明显，短视频整体热度呈现节节攀升的势头，而且粉丝规模也在迅速扩大，那么运营者最好继续追加投放。错过追加的最佳时期，增长趋势可能就会扭转。不要小看数据的微小变化，一个数值差异就有可能导致账号获得不同等级流量池的待遇。如果推广的效果并不好，那么运营者也不必过于执着，果断放弃或寻找下一个“潜力股”才是正确的做法。

一般来说，希望引流的大多是个人号，而企业号则更重视带动产品的销售。不同的商家所运营的产品、承担的成本都不一样，因此并不存在一个固定的临界点，但至少要做到让营业额高于推广费用，否则一定会发生亏损。总之，运营者如果希望通过付费推广获得最好的效果，就必须重视数据采集和分析工作，并根据数据做出决策。

如果运营者想要尽可能减少消除付费推广的风险，并实现回报最大化，就要注意图 6-7 所示的事项。

图 6-7　做付费推广时的注意事项

1. 保持理性

身处商业社会的人必须具备理性思维，至少要让理性思维占据上风。假如运营者在做推广时被一时的胜利冲昏头脑，没有进行慎重考虑就加大追加投放的力度，就很可能遭受巨大的损失。还有一种情况是，运营者看到数据暂时没有什么变化，就想要退缩、放弃。这些行为说明运营者还不够理性，其数据思维也不够强。数据分析能力越强，运营者心里就越有底，也就更容易保持理性。

2. 注意数据时效

每一位运营者选择的推广时长都不一样，但无论是几个小时还是几天，运营者都必须掌握最新的数据，而不能使用已经失去分析价值的过期数据。当然，有时运营者需要利用早期数据制作可视化的走势图，但这与采集新数据并不冲突。

3. 选择最优渠道

抖音上有许多推广渠道，而外部的推广渠道则更加多样化。不同的渠道在价位、优劣势等方面都存在差异，运营者要根据自身的情况合理选择。如果选择单一渠道，那么运营者所面对的问题相对来说会少一些，毕竟渠道少意味着运营者的精力不会过于分散，而且数据量也不会很大，更容易进行统计、分析与决策。

不过，也有很多运营者选择多渠道同时推广，虽说这样做会使成本大幅度增加，但也更容易实现既定目标，因为曝光度会更高。此时，运营者就要考虑渠道的最优组合问题了，最好让不同渠道之间实现某种互补。

4. 避免犹豫不决

在临界点足够清晰、数据参考性足够强的情况下，如果运营者还是犹豫不决，就会贻误战机。在火势正旺的时候加一把柴火能让火烧得更旺，在火势渐弱的时候再加柴火效果就不是那么好了。在应该果断抽身的时候，运营者如果还抱着“再等一等”“万一有好转呢”这种想法，就很容易陷入被动。

例如，原本只会损失 2000 元，但运营者不愿放弃，继续追加，损失的金额就有可能翻倍甚至更多。谨慎思考并没有错，但也要把握好度。

5. 制定预算方案

这里说的制定预算方案是指在超出预算的情况下，如果相关数据表明推广潜力巨大，我们究竟应该怎么做。其实，超出预算不多的话，对运营者来说仍有一定的操作空间；但超出预算过多的话，运营者就要好好权衡投入与回报了。

究竟是继续追加，还是抽身离开？决策的主要依据还是数据。当然，运营者自身是否具备较强的预测、判断能力也很重要，有些账号走红看似是因为运气好，其实是因为背后有强大的能力作为支撑。

6.4 先期测试：如何依据手中数据进行先期测试以提升爆款概率

如果你有预知的能力，提前知道短视频 A 可以成为爆款，而短视频 B 不会成为爆款，那么你一定会选择将推广费用都投入在前者上面。然而，在现实世界中，运营者在判断哪条短视频更有潜力时还是要依靠现有的数据。

不同的运营者有不同的运营思路，但所有运营者都希望做到两件事：一是打造更多的爆款，二是在打造爆款的过程中尽可能地降低风险系数（见图 6-8）。

图 6-8　所有运营者都希望做到的两件事

抖音上的爆款无外乎短视频与产品两大类，前者的可操作空间比较大，但后者的局限性相对来说比较明显。运营者借助相关数据评估视频或产品成为爆款的潜力之后，一方面可以明确自身当前的实力，判断最佳的运营方向，另一方面可以针对“潜力股”采取各种措施，提升其成为爆款的概率。

如果是短视频，运营者就应该将目光锁定在五项关键数据上，而不应该将精力分散到其他地方。将五项关键数据调整到最优状态虽然不能保证该短视频一定成为爆款，但获得更大的流量池还是很容易的。

另外，在进行数据分析的时候，运营者也要注意收集竞品数据与所处领域的标准数据，以提升分析结果的精准度。在不看大环境的情况下，有时候我们觉得自己进步了，找到了“潜力股”，但实际上却并非如此，因为只要看看标准数据就能发现自己与头部账号之间的差距。

针对短视频做初期测试时，如果运营者抱着打造爆款的想法，就要将重心稍稍向转发、互动量上倾斜一下。前者相当于零成本的推广，其效果越好，回报就越大。

测试产品的方式通常比较直接，效果也比较容易展现，不过有经验的运营者不会直接就进入大批量测试的环节，而是会先列出一个参考价值较高的产品名单。

无论运营者打算自行研发产品，还是想要在相关领域进行选品，最好都先通过前期的数据分析来缩小测试范围（见图 6-9），这是因为：产品测试数量越多，预算就越高；产品测试数量多容易导致运营者难以统一测试方向，工作量也会因此而增加。运营者可以借助平台数据敲定测试名单。

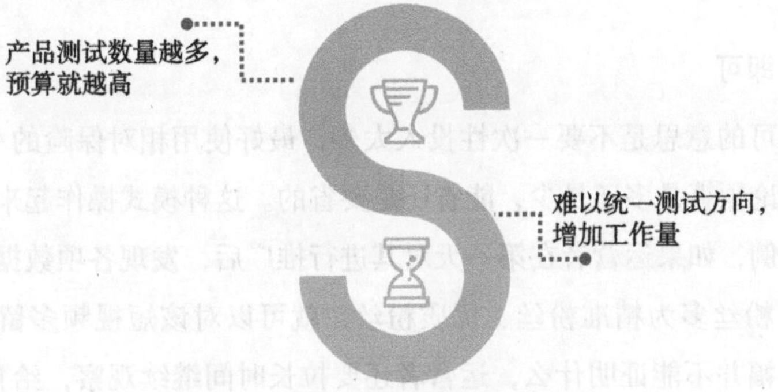
产品测试数量越多，
预算就越高
难以统一测试方向，
增加工作量

图 6-9　缩小产品测试范围的原因

就爆款产品而言，最直观的评价标准应该就是其产生的订单量。但对那些尚未成为爆款的产品来说，直接用转化率进行评价显然并不现实，此时运营者需要分析产品的热度提升幅度。如果某产品经过各种推广后，热度依然没有呈现出上升势头，运营者就不应该继续在该产品上耗费精力了。比起奇迹，运营者要更相信数据。

在进行先期测试的时候，运营者手中应该已经有了初步的测试名单，而名单上的短视频或产品或多或少都具备成为爆款的潜力，只不过潜力大小有所不同。在对它们进行测试的过程中，运营者还要遵循图 6-10 所示的原则，这样才能顺利地完成测试工作。

图 6-10　做先期测试时要遵循的原则

1. 适度即可

适度即可的意思是不要一次性投入太多，最好使用相对保险的小额试错模式，毕竟无论预算是多还是少，能省还是要省的。这种模式操作起来比较简单，以短视频为例，如果运营者在第一天对其进行推广后，发现各项数据都在上升，而且增加的粉丝多为精准粉丝、优质粉丝，就可以对该短视频多留心。不过，一两天的涨幅并不能证明什么，运营者还要拉长时间继续观察，给自己留一条后路。

2. 及时调整

运营者进行先期测试而不是立刻选定目标就是因为不确定性太强了，可能某个“潜力股”在测试阶段的状态并不算好，而原本没被寄予希望的短视频或产品却在测试过程中大放异彩，这些都是可能会出现的情况。做小额测试其实就是在为这一步做铺垫。运营者要灵活应对各类情况，不要执着于最初的目标，而要根据测试情况及时调整自己的方案。

3. 敲定重点

在测试工作接近尾声的时候，很多问题的答案都已经浮出水面，例如，哪个是最具潜力的，哪个是会继续发力的，哪个是应该立刻淘汰的。运营者要避免根据个人喜好做决定，爆款的受众是用户，运营者要做的是将他们喜欢的东西以最好的状态呈现出来。

敲定重点后，运营者不能松懈下来，毕竟最终被筛选出来的对象只是具备成为爆款的潜力，还没有成为爆款。运营者一方面要培养这些“潜力股”，使其能被更多的用户注意到，另一方面也要思考其所处的领域、风格特点等，揣摩用户的新需求。虽然运营者并没有预知能力，但以当下的技术条件而言，数据完全可以承担预言家的角色，指引运营者向着正确的方向前行。

【工具】实用抖音数据监测、分析工具推荐

过去，收集数据往往没那么快捷、高效，分析数据时也只能借助不多的几款软件。不过，现在可供运营者选择的工具已经非常丰富了。运营者不仅要了解这些工具，还要能够熟练操作其中的一两种，否则在数据分析这个环节就会落后于竞争对手。

某些头部账号的运营团队里就有专门做这项工作的成员，他们往往对这些智能化工具的操作方法十分熟悉，得出的分析结果也更具有参考价值。

下面简单介绍一下当前比较实用的数据分析工具，具体如图 6-11 所示。

图 6-11　常用的数据分析工具

1. 卡思数据

卡思数据是一个覆盖面比较广的平台，几乎覆盖了时下所有流行的短视频平台，除了抖音，还有快手、美拍等。该平台对运营者来说价值很高，因为运营者不仅能从中获取头部账号的基础数据，如粉丝量、点赞量以及总评分等，

还可以通过付费享受定制服务。

值得一提的是，如果你是新手，那么你运营的个人账号每天产生的数据量还不是很大，你对数据分析的需求也不是非常强烈，你甚至可以零成本体验卡思数据提供的免费服务。

免费服务的项目肯定没有那么全，但对新手来说已经够用了，平台甚至可以为其绘制简易版的用户画像。卡思数据的上手难度不高，运营者可以根据实际情况选择合适的服务套餐。另外，卡思数据的数据更新速度很快。从总体上来说，它是一款性价比颇高的数据分析工具（见图 6-12）。

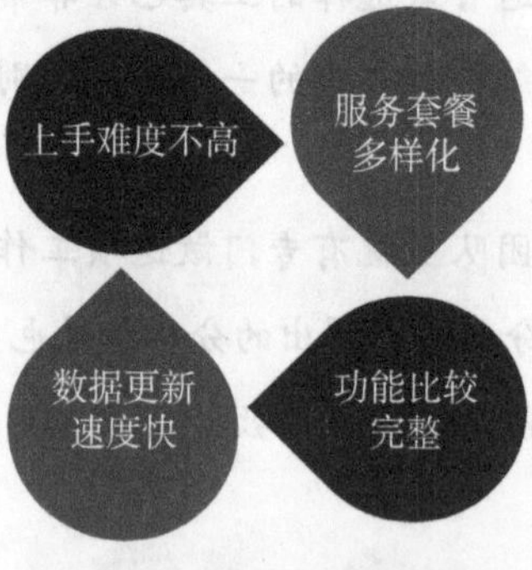

图 6-12　卡思数据的优势

2. 飞瓜数据

飞瓜数据所覆盖的短视频平台比卡思少一些，不过其套餐费用比卡思数据便宜。对抖音运营者来说，飞瓜数据的实用性略逊于卡思数据。卡思数据就像一本百科全书，运营者可以从中获取数据，获取平台内外的最新消息；而飞瓜数据更像某个学科的教科书，覆盖面不够广，当前更重视电商行业的数据。抖音上的电商群体正在日益扩大，此方面的市场需求也很多，所以飞瓜数据对这类群体而言或许更有价值。

卡思数据和飞瓜数据都有一个面向所有运营者、实用性较强的功能——提供各种类型的素材。运营者可以通过这两个工具在第一时间找到流行的音乐、热门的视频，也可以将两款工具搭配起来使用。

3. 悟空带货

悟空带货更注重爆款产品。悟空带货的功能很丰富：数据的汇总、分析是其基本功能，主要提供KOL的短视频相关数据及商品数等；KOL入驻平台，有需要的运营者可以直接通过这个平台寻找适合的合作对象；运营者不必费时费力选品，平台每天都会更新大量具备运营潜力的新品。

悟空带货的电商属性更加明显，但基本的数据监测、分析功能也完全可以满足大部分运营者的需求。打算带货或者想要向电商方向转型的运营者可以通过悟空带货找到一些实用的案例和技巧。

4. 抖查查

抖查查在数据分析方面非常专业，所统计的数据也很详细。运营者不仅能通过定时更新的榜单看到头部账号的涨粉情况，还能看到掉粉数量。此外，抖查查比较重视数据之间的对比，运营者可以更清晰地看到账号的真实运营状态。

就算不想查看那些头部账号，而是想分析一下与自己实力相当的竞争者的运营情况，运营者也可以使用抖查查，而且成本很低。抖查查会为每个账号计算一个账号指数，用来计算该指数的指标主要包括短视频的几项重要数据、权重等。账号指数越高，账号的竞争力就越强。

另外，抖查查也有不同等级的付费套餐。抖查查有一个特色，等级越高的套餐，数据统计频率就越高，最短的更新间隔只有5分钟，这对粉丝量较大的账号的运营者来说非常有用。抖查查也有免费套餐，但功能较少。

5. 新榜

新榜聚集的抖音运营者比较多，不过其数据分析能力不是特别突出，它是一个综合性的平台。新榜有一个突出优势就是采用可视化的方式展示数据，颜色搭配也令人感到舒适。

如果运营者在抖音上使用Dou+做了短视频推广投放，也可以同时使用新榜，因为它能让Dou+的投放进程更加透明，运营者可以看到各项投放数据的实时变化，以此判断是否需要继续追加。企业号或者有自建品牌打算的运营者可以在新榜上查到各大品牌的运营情况及热门产品的转化率等。总之，新榜的功能与其他数据分析工具相比虽然显得有些分散，但适用范围还是很广的。

6. 抖抖侠

抖抖侠是一个专注于抖音平台的数据分析工具。抖抖侠的特色功能有不少，它可以对账号进行更加深入的评估与诊断，从市场的角度来分析账号的商业价值，并会像杀毒软件一样评估账号的健康程度。健康程度过低的话，账号就有可能权重下降、曝光度降低。运营者可以利用抖抖侠来挖掘账号存在的问题。此外，抖抖侠还有一个适用于电商群体的贴心功能，即根据账号的标签、风格为其推荐适合推广的产品。

第 7 章 矩阵式发展：主次账号相互扶持、分摊风险

当账号已经聚集了一定规模的粉丝、成熟度也比较高的时候，其运营者往往就会将目光转向矩阵模式。矩阵运营虽然有一定的难度，但在操作得当的情况下，它将为运营者提供极大的帮助。本章将介绍矩阵的内涵、养号教程、布局路径等，并为经验不足或时间不充裕的运营者提供一份代运营避坑指南。

7.1 矩阵内涵：全方位展现账号内容、倍数级提升账号价值

上线初期的抖音所吸引的用户大多是短视频创作爱好者，但随着抖音商业潜力的逐步释放，入驻平台的用户性质也慢慢地发生了改变，从单纯的、不以盈利为目标的创作者变成了专业的运营者。这种改变无疑证明了抖音的迅猛发展与巨大的商业潜力，但同时也为新入驻的运营者与尚未改变思路的运营者带来了更大的竞争压力。为了避免让自己陷入被动，运营者必须了解、学习矩阵运营模式。

矩阵运营模式主要适用于以抖音运营为主业、想要借助抖音来完成变现的那部分运营者，普通用户只需了解即可，企业号则需要完全掌握。那么，究竟什么才算是矩阵运营？这种模式可以为运营者带来哪些优势呢？

举个例子，你原本只开了一家餐厅，一段时间后又在其他地方开了一家咖啡店，过了两年又开始进军培训行业。如此一来，你手下的产业至少分为三类，运营难度提升的同时经济效益也会大幅度增加。不少大公司也采用矩阵运营模式，如宝洁公司，其涉足的产业十分多元化。

想要在抖音上打造矩阵的运营者并不少，但很大一部分运营者对矩阵的认识还停留在非常浅显的层面上，不了解其真正的优势、作用。矩阵运营模式的优势如图 7-1 所示。

图 7-1　矩阵运营模式的优势

1. 内容多元化

内容多元化主要表现在两个方面：一是短视频内容的多元化，运营者可以

通过短视频展现不同的内容，以此提升用户对账号的兴趣；二是跳出平台，面向更广阔的外部环境，以其他形式如文字、图片等展示内容。

许多百万级头部账号的定位很清晰，但其运营团队也在慢慢调整着内容创作的方向。之所以要做出这种调整，一是因为长时间输出同类内容，很容易出现素材不足、灵感耗尽等问题，特别是搞笑类、剧情类账号；二是因为粉丝的心理会发生变化，即便是再美味的食物也不能长年累月地吃，运营者必须不定时地调整“菜色”，这样才能留住粉丝。

2. 引流效果显著

在流量等同于价值的时代，运营者每天除了要思考短视频的内容，还要与团队成员讨论如何才能获得更好的引流效果。就上升空间而言，成长期的新账号无疑更具优势，因为账号的成熟度越高，涨粉速度就越慢，这也是运营者常常提到的所谓“瓶颈期”。

这也是许多看似风光无限的头部账号都采用矩阵运营模式的原因（见图7-2）。在同领域众多新人来势汹汹的包围下，如果不想办法提升引流效果，账号的发展速度就会放缓，各项数据也会一步步下滑。100万粉丝在抖音上算多吗？答案是肯定的，然而如果在长达几周、几个月的时间内，该账号仍然没有新鲜血液注入，那么它就只能拥有一个短暂的百万粉丝头衔了。

图 7-2　头部账号采用矩阵运营模式的原因

在掌握了矩阵布局技巧的前提下，矩阵运营模式的引流能力是十分强大的。即便是最基础的站内布局形式，也能使处于瓶颈期的账号成功实现突破。

3. 运营风险降低

或许会有人问，抖音的监管重点主要还是放在短视频的内容上，如果内容未通过审核，重新做一个不就好了吗？如果只是这样，确实不会对运营者产生很大的影响，但人们常说居安思危，谁知道将来不会遇到风险更大、结果更严重的问题呢？比方说，封号。

对粉丝寥寥无几的新号来说，封号也许算不上什么大问题。但是，如果百万级别的账号被封号呢？在没有开通其他账号也没有建立外部沟通渠道的情况下，一旦账号被封就等于直接断掉了与百万粉丝之间的联系。

在这种情况下，运营者就不要寄希望于重新建号引流了，因为这和重置手机操作系统完全不一样，运营者能够找回的粉丝在最理想的情况下可能也只有原先的三四成。如果运营者事先做好了矩阵布局，即便处于最艰难的境地，仍然有翻身的可能性。账号做得越成功，运营者就越要具备风险意识与抵抗风险的能力。

4. 商业潜力增强

头部账号大都具备较强的变现能力，而原本就置身于商业环境的企业号的运营者则更重视这个方面。采用矩阵运营模式之后，运营者在做推广宣传的工作时将更加高效。

首先，对于新用户，运营者可以通过多账号、多平台的矩阵式宣传来提高相关产品或品牌的知名度。其次，矩阵运营模式辅以适当的引流策略，账号的变现能力也有可能变得更强，账号的商业潜力也会变得更大。对个人号而言，转化率高意味着运营者有可能获得更多与品牌合作的机会。

7.2 养号教程：所谓抖音养号绝不能是养一批“僵尸号”

抖音的矩阵布局形式主要分站内、站外两种，先从哪一种做起都可以。大部分人会选择先将站内做起来，也有一部分人选择站内、站外协同发展。某些运营者采用了错误的站内布局方法，只有数量却没有质量，对主账号起不到任何帮助作用，这样做只是在白白浪费宝贵的时间而已。

矩阵布局需要数量吗？当然需要。矩阵中的账号越多，对运营者来说就越有利。然而，如果运营者将其变成“僵尸号”，就要另当别论了。打造矩阵并不是什么面子工程，其中的账号一定要能给运营者带来价值。

下面简单分析一下“僵尸号”的弊端，具体如图 7-3 所示。

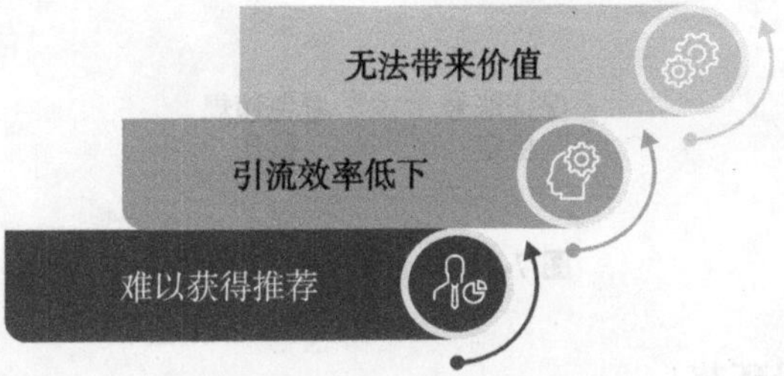

图 7-3　“僵尸号”的弊端

（1）难以获得推荐

众所周知，抖音的流量池会为新账号提供一定的流量支持，但如果账号被判定为“僵尸号”，就不再是流量池的服务对象了。也就是说，当运营者通过该账号发布新的短视频时，播放量将会变得非常低。在缺少平台支持的前提下让短视频上热门，概率几乎为零。

（2）引流效率低下

如果账号发布的短视频根本没什么曝光度，即便运营者通过付费渠道为其增加热度，效果也不会很好。一般来说，“僵尸号”并不具备引流的能力，只有经验欠缺的运营者才会将精力放在复活“僵尸号”的工作上。

（3）无法带来价值

短视频没有热度、粉丝增长速度非常缓慢，单是这样就足以说明该账号几乎无法为运营者提供价值，从某个角度来说，甚至可以说它会变相地增加运营者的负担。

了解了“僵尸号”的弊端之后，运营者要做的就是避免让自己养出“僵尸号”，多培养优质号，以此加快矩阵布局的速度。那么，如何养号才能使账号变得更健康呢？运营者可以使用图 7-4 所示的几个技巧。

图 7-4　抖音养号的技巧

（1）把关注册环节

养号这项工作并不是在账号注册完成后才开始的，事实上，从注册环节开始就要留意了。首先，抖音目前已经不支持用相同的手机号去注册多个账号这样的操作了。其次，虽然运营者是以打造矩阵为目的去运营次账号的，但也要明确次账号与广告号之间的区别，不要在一开始就明晃晃地打广告。

在填写账号信息的时候，运营者要做到这几点：每一项都要正确填写，不要出现漏项，账号信息的完整度越高，其权重往往越高。这里说的“正确填写”是指昵称、年龄、所在地等信息一方面要与主帐号形成配合，另一方面也要符合矩阵布局的整体思路。

（2）不要急于创作

许多运营者在注册账号后，立刻开始创作、发布短视频。但是，这种行为非常不利于养号，很容易使其被判定为不良账号。无论运营者的创作能力如何，都不要急于在账号刚注册好的前几天展示这种能力，而要耐下心来，先去关注几个自己感兴趣的或与自身定位相符的账号，不过数量也不要太多。

有些运营者虽然真的是亲自操作，但种种行为却像一个机器人：在短短几分钟内关注大量账号，高频率地在短视频下方刷简短的回复或者直接发一个表情符号，做完这些以后迅速下线……就算平台不介入，只是站在普通用户的角度来看，这种行为也算不上正常。

要想避免自己的账号被系统判定为不良账号，运营者就要先像普通用户一样进行正常的操作。不过，只是关注了一些账号，却没有与之互动的话，对养号来说也是很不利的，因此运营者也要适当地去点赞、评论。

（3）避免违规操作

违规操作会给账号带来多大的伤害，想必各位运营者心里都有数。从某个角度来看，“僵尸号”其实和被封账号差不了太多。运营者不要心存侥幸，更何况抖音监管力度日益增强是每一位运营者都可以看得到的。

下面简单介绍一下养号期间比较容易发生的违规行为（见图 7-5）。首先，硬广肯定会被系统轻易地查出来，用新号打广告是非常不明智的行为；其次，在视频或头像中出现其他平台的水印是不被允许的；最后，付费刷量也是不被允许的，被检测出来的话惩罚力度很大。

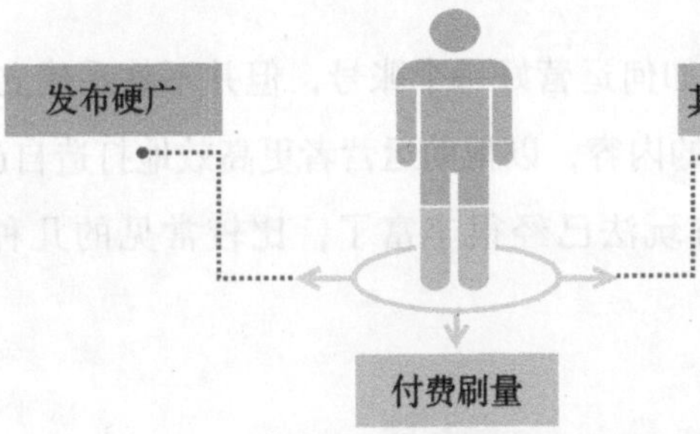

图 7-5 养号期间容易发生的违规行为

（4）保证账号稳定

站在普通用户的角度，大多数人在正常状态下应该都会用自己的手机刷抖音，而不会今天用苹果手机、明天用安卓手机。抖音平台有能力检测账号的登录设备，如果登录设备变化过于频繁，系统就会提示异常。

另外，运营者如果已经组建了团队，最好安排一位团队成员专门负责新号的运营，这个成员需要做的就是用固定设备刷短视频、增加在线时长，不过也不需要全天在线。新账号刚注册好的前几天是非常关键的，运营者必须在这几天里保证账号不出现任何异常，否则将前功尽弃。

（5）进行账号检测

前几天的养号工作已经做得比较到位，准备发短视频的时候，不少运营者可能会在心里犹豫：账号是否真的进入正常状态了？现在到了发布短视频的时候吗？需不需要再养几天？单靠猜测确实无法得出可靠的结论，运营者可以通过正规渠道进行验证。

运营者可以进入官方认证的界面，如果能够正常打开，就说明账号目前的状态比较稳定，反之则需要再养几天或换一个号。在不是特别确定但确实已经用心养了几天号的情况下，运营者也可以发布一条短视频来试试。当然，内容不能过于敷衍。如果短视频在一定时间内的热度处于正常范围内，运营者就可以放心地进行后续操作了。

7.3　建立矩阵：扩展抖音账号矩阵最常见的四种玩法

某些运营者虽然懂得如何运营好一个账号，但并不熟悉建立矩阵的一些技巧。本节将介绍这个方面的内容，以帮助运营者更高效地打造自己的矩阵。

现在，抖音上的矩阵玩法已经很丰富了，比较常见的几种玩法如图 7-6 所示。

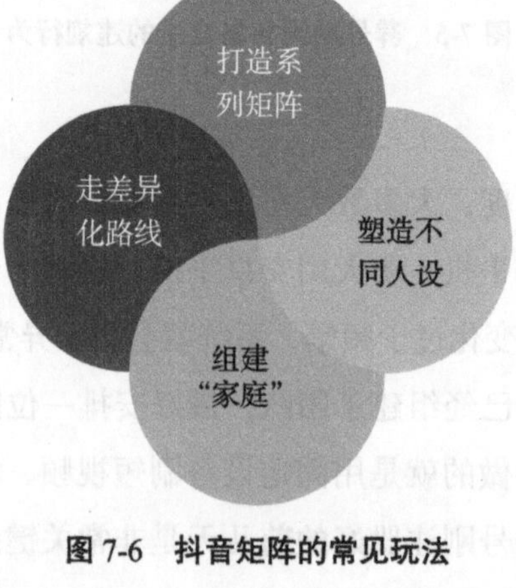

图 7-6　抖音矩阵的常见玩法

1. 打造系列矩阵

大型企业比较适合采用打造系列矩阵的这种玩法，毕竟这些企业旗下肯定不会只有一个品牌，只注册一个企业号不能满足其需求。某些专门培养 KOL 的 MCN 机构在使用这种玩法时也具备很大的优势。当然，KOL 的数量不能太少，否则无法取得较好的效果。

MCN 机构选择这种玩法的原因在于系列矩阵能够更加高效地打响机构的名气。例如，MCN 机构的账号可以频繁发布与 KOL 相关的短视频，而 KOL 的账号在输出原创内容的同时可以与前者配合，如转发、宣传 MCN 机构的最新消息等。

要想让系列矩阵更好地发挥作用，运营者还要注意图 7-7 所示的几点。

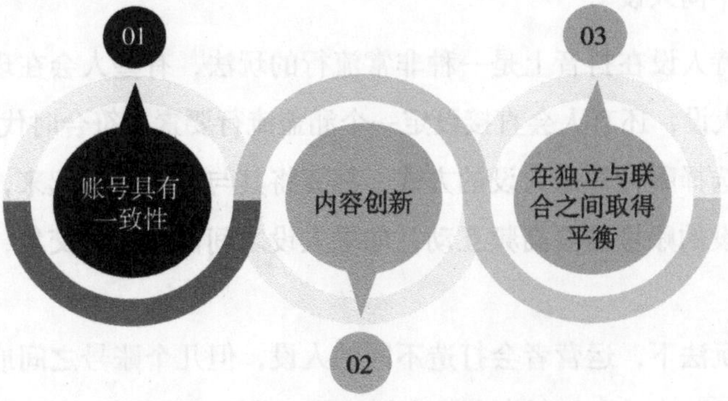

图 7-7　打造系列矩阵时的注意事项

（1）账号具有一致性

矩阵的优势说白了就是“人多力量大”，如果账号的数量足够多，却无法让人产生“它们是一个团队”的印象，就说明运营者在建立矩阵时出现了很严重的问题。

要想使矩阵中的账号具有某种一致性，运营者至少要做好以下两件事。首先，头像虽然不用像某些培训机构下属员工的账号头像一样都是齐刷刷的职业装，但至少也要体现企业或品牌的特征；其次，名称要符合统一的规则，最好带上企业或品牌的名称。

（2）内容创新

无论是否建立矩阵，入驻短视频平台就必须做好内容创新方面的工作。企业号可以发布一些与自己有合作关系的 KOL 的相关内容，也可以发布一些与产品相关的内容，但内容一定要有趣、有新意。绝大部分用户并不在意运营者是否花了很多心思打造矩阵，他们只在意账号发布的内容。

（3）在独立与联合之间取得平衡

矩阵中的不同账号之间要联合起来，这样才能使矩阵真正地发挥作用，但与此同时也要保证账号具有一定的独立性，因为用户并不希望在不同的账号中看到相同或非常相似的内容。运营者要好好思考应该怎样做才能在独立与联合之间取得平衡。

2. 塑造不同人设

打造独特人设在抖音上是一种非常流行的玩法，有些人会在现实身份的基础上打造新人设，还有人会直接设定一个涵盖流行要素、符合时代潮流的人设。无论运营者选择哪种塑造人设的方式，都要将其与矩阵融合起来，因为这几个采用不同人设的账号需要高频互动，如果人设之间没有任何交集，矩阵就很难做大、做好。

在这种玩法下，运营者会打造不同的人设，但几个账号之间或多或少会有一些关系。以游戏《恋与制作人》为例，其运营团队在微博上打造了一个矩阵。官方号主要用来发布消息，游戏中的几大男主角都有独立的账号。虽然这些游戏人物是虚拟的，但运营者却牢牢把握着人设的特点，让不同的账号以恰当的方式开展互动。

在抖音上，运营者塑造账号人设无疑更加便捷，因为视频比起文字更容易让用户感受到人设的特点。运营者要注意以下两点：第一，账号之间要以协调的方式进行互动，不能割裂账号之间的关系；第二，确定账号人设并正式开始运营之后，就不能轻易改变人设，否则很容易让用户感到困惑。

3. 组建“家庭”

组建“家庭”的意思是让不同的账号之间建立某种亲密关系，像父母与子女、兄弟姐妹这样的关系在抖音上是十分常见的。此外，情侣、同学、同事这些关系也是可以使用的。这种玩法的优势在于账号之间的互动显得更加自然，互动方式也更加多样化，引流效果相对来说是比较显著的。

4. 走差异化路线

走差异化路线也是抖音上十分常见的矩阵玩法之一。相比于上述几种玩法，该玩法比较容易操作。这种玩法的优势在于能够有效避免粉丝流失，还能通过呈现与主账号具有明显差异性的内容来提升粉丝的活跃度。

这里所说的新颖并不是以整个平台为参照的，而是相对于主账号来说的。例如，主账号主打美妆测评，次账号 A 主打美食探店，次帐号 B 主打旅游攻略，这就是差异化的一种体现。但运营者也要谨慎选择，不能一味地关注热门领域，还要问自己几个问题：我和我的团队是否擅长运营该领域？该领域能否产生经济效益？竞争激烈不激烈？要将这些问题都考虑清楚才能做差异化定位，毕竟运营次账号也需要耗费成本与精力。

7.4 主次协同：矩阵内主次账号之间如何高效协同

矩阵运营模式带来的必然是多个账号之间的协同运营，运营者的负担肯定会增加。如果确实能够取得不错的效果，那么这样做肯定是值得的。那些缺乏矩阵运营经验的人时常感到格外疲惫，而且看不到什么明显的回报，这是因为他们没有掌握主次账号协同的技巧。

如果主账号的成熟度还不太高，而且运营团队的力量尚不充足，运营者就要注意：无论想要开发多少个次账号，都不能让账号定位呈现“开花”的状态，即账号定位五花八门，账号之间毫无关联。

前文介绍了差异化矩阵玩法，其运营难度并不低。如果自身条件不足，运营者贸然决定采用这种矩阵布局形式，就很有可能在后续的过程中反复质疑自己的决定。试想，运营团队只有两三个人，但主次账号的差异性却非常明显，即便每一位成员专门负责运营一个账号，大家也会因为无暇处理其他运营事务而感到非常疲惫。

在开展矩阵运营的过程中，一定要避免的就是捡了芝麻、丢了西瓜。如果次账号还没有进入高速发展状态，而主账号又出现了粉丝流失的情况，那么运营者的处境就非常不妙了。为了避免出现这种情况，运营者一方面要根据自己的实际情况进行矩阵布局，另一方面也要了解主次账号常用的协同方法，具体如图 7-8 所示。

图 7-8　主次账号常用的协同方法

1. 用好基本功能

运营者在开发新玩法之前，首先要用好抖音平台的基本功能，无论其效果是否显著，至少是零成本，运营者一定不能忽略这些功能。我们主要会用到关注、点赞和信息栏这几项功能。

多数主账号的关注列表中都不可能只有一个账号，但也不会特别多，处于个位数到两位数之间是比较正常的。如果主账号忽然多关注了几个账号，细心的粉丝很快就会发现。当然，如果是那些在初期就已经做好了矩阵规划、关注数为零的账号，这种变化就更明显了，也更易引起粉丝的好奇，他们肯定非常想要看看那个新账号到底怎么样。次账号尽量不要关注其他无关账号，否则很容易为他人引流。

前文提到过抖音点赞功能的特殊性，即可用来收藏短视频，主次账号也可以通过这种方式来为彼此引流。在初期，还是主账号的引流效果更好一些，运营者可以用主账号多为次账号的优质内容点赞，以此提升次账号的曝光度。在主账号的信息栏中，运营者可以直接在简介中加入次账号的名称。主账号的粉丝量越大，引流效果就越显著。

2. 创作合作剧情

主次账号如果采用家庭矩阵玩法，那么创作合作剧情就显得比较自然了，主账号的引流效果一般也比较好。目前在抖音上比较流行的是搞笑类或反映社会热点问题的剧情类短视频，高颜值组合的剧情类短视频流行度略微下降，但往往能够获得较高的点赞量，这几类短视频为次账号引流的效果都不错。

抖音上曾经非常流行"土味情话"相关内容，许多以男女搭配为特色的账号的运营者就抓住了这个机会。事实证明，整体质量较高的内容与高颜值这个元素结合在一起，的确非常容易将用户带入剧情。

3. 进行评论互动

对粉丝基数较大的账号来说，评论区也有很大的价值。越靠前的评论，就越容易得到用户的关注。如果次账号经常出现在主账号评论区的前排位置，就不愁没有流量了。然而，抖音的评论区置顶功能并没有全面开放，因此拥有权限的运营者一定要充分利用这个功能来为次账号引流。

如果次账号发布的内容足够有趣，那么用户就会自发地点赞将其顶上来，但运营者也要注意让主账号与次账号进行适当的互动，以此吸引粉丝的关注。

4. 举办福利活动

福利活动很受用户的欢迎，运营者可以通过"评论区抢楼送礼品"等形式为用户发福利，不过一定要注明参与条件——粉丝必须同时关注主次账号。

一般来说，计划采用矩阵运营模式的运营团队应该已经有了一定的经济基础，所以在礼品方面不要太过吝啬，可以结合主次账号的定位选择礼品。虽说肯定会有人在活动过后取消关注，但从总体上来看回报肯定大于投入。

开展主次账号协同运营时的注意事项如图 7-9 所示。首先，运营者要保证每一个次账号都独具特色，同时账号之间要有某种联系，只有这样才能保证账号之间的互动具有合理性。其次，某些运营者在进行矩阵布局的过程中可能会迷失方向，导致次账号的风头盖过了主账号，这是一种从表面上看起来数据很漂亮但实际上非常不合理的运营状态，一定要避免出现这种情况。

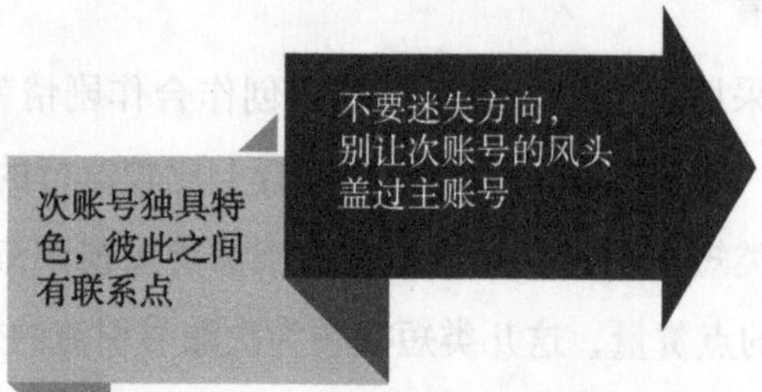

图 7-9　主次账号协同运营时的注意事项

主次账号之间的关系就像班主任与学生，二者都是独立的个体，但又必须合作。学生可以不断提升自己的能力，但其地位不能超过班主任，否则班级秩序将不复存在。

7.5　代运营：不得已选择代运营时如何避坑

抖音的商业价值正在日益显现出来，许多原本专注于线下的商家也开始将目光投向线上，试图通过抖音带动产品的销售。还有一些人希望借助抖音成为 KOL，不过他们往往并不具备独立运营好一个账号的能力。基于上述种种情况，账号拥有者可以选择代运营。不过，在选择代运营机构的时候，要注意避开各种陷阱。

代运营在当前的自媒体行业比较流行。代运营机构可以帮助那些有运营需求却缺乏运营条件的人和组织运营账号。代运营机构会在了解客户目标的基础上为其制定运营方案，尽可能帮助其迅速实现目标。

近年来，有不少人和组织在代运营这件事上吃亏受骗，具体表现为：自己又出钱又出力，结果可能还比不上自己亲自运营。为了降低代运营的风险，有代运营需求的用户一定要掌握选择代运营机构的技巧，如图 7-10 所示。

图 7-10　选择代运营机构的技巧

1. 提前收集信息

用户完全可以直接在网上检索代运营相关信息。一般来说，正规的代运营机构都有自己的官网。如果用户在某些网站看到某些代运营机构打了广告，却找不到其官网，就可以立刻将该机构排除。不过，有官网也不意味着该机构值得信任，用户还要做深入了解，最好咨询一下专业人员的意见。

2. 不要轻信承诺

代运营机构的销售人员常常会在与潜在客户沟通的过程中对本机构能够提供的服务进行一定的“美化”，这是可以理解的。但是，用户要具备风险意识，不能轻信对方的承诺。代运营机构比较常见的“忽悠”套路如图 7-11 所示。

图 7-11　代运营机构的“忽悠”套路

（1）保证涨粉

大多数用户无论基于什么目的去找代运营机构，其需求肯定都包含粉丝量增长这一项，毕竟粉丝量的影响非常大，没有粉丝基础的账号根本谈不上什么发展。代运营机构给出的涨粉承诺不能全信，毕竟付费刷粉也算得上履行了承诺，但这些粉丝大多数都是“僵尸粉”，发挥不了任何作用。因此，当代运营机构在涨粉方面的承诺做得太满的时候，用户反而要警惕其中是否有猫腻。

（2）包上热门

上热门其实与涨粉差不多。目前抖音上有许多付费推广渠道，不正规的代运营机构肯定不会让自己吃亏，而且视频热度提高与上热门是两码事，用户要防止被不良代运营机构所蒙骗。

（3）高效卖货

许多对线上运营并不熟悉的商家常常会寄希望于代运营机构，希望其帮助自己实现高效卖货。能力比较强的代运营机构确实可以做到这一点，但某些代运营机构只是在信口开河。抖音本是一个不确定性比较强的平台，正规的代运营机构一般不会拍着胸脯对卖货效果做出特别具体的承诺。

3. 不要贪小便宜

打着低成本、高收益招牌的代运营机构有很多，它们往往会用比较夸张但也非常有诱惑力的文案去欺骗客户。例如，“只需 50 元，粉丝涨 1 万”这样的文案很吸引人，但打出这种广告的代运营机构一定要躲开。

“一分价钱一分货”这句老话真的很有道理。抖音上的流量资源人人都想获得，凭什么你就可以用如此低廉的费用去换取巨大的流量呢？世界上没有这么便宜的事情。不同的代运营机构，其收费标准存在一定的差别，但不会相差太多。用户要事先采集信息，好让自己心里有数，不至于被简单的谎言所欺骗。

4. 关注机构团队

某些规模较大的代运营机构在线下设有办公场所，运营者最好实地拜访一下，看看这家机构的实力到底如何：首先，看其是否有营业执照；其次，看其内部的环境、设备如何；最后，看其是否拥有一个完备的团队。

某些代运营机构乍一看好像有很多员工，但再仔细一看，就会发现他们大都是刚毕业的学生，连操作都略显生疏，更不要说能为客户创造什么价值了。那些在线下没有固定办公场所的代运营机构一般都会在其官网上提供团队主要成员的信息。我们要看看这些人是否具备相应的从业条件，包括学历、职业经历、个人优势等。

5. 看有无真实成果

选择代运营机构就像面试，当求职者在争取某个岗位的入职资格时，一定会出示能够证明自己能力的东西，如某个比赛的奖项、曾被授予的称号、担任过的职位等，这些东西更有说服力。判断一家代运营机构是否值得信任，主要看其能否拿出足够有力的证据。

真正有实力的代运营机构绝对不会吝啬于将自己的成果摆出来，回避这个话题的大都是不靠谱的机构，而那些自信地将成果罗列出来的机构则值得进一步了解。此外，某些机构会用一些虚假的成果来欺骗客户，或直接“搬运”其他机构的成果，用户一定要注意辨别。

6. 审核合约内容

正规的代运营机构绝对不会以口头约定的方式与客户建立合作关系，它们会在客户缴纳相关费用之前与客户签订正式的合同。

许多用户对抖音运营感到很陌生，所以才会寻求第三方的帮助，一些无良机构会在合同上动一些手脚，让客户吃很多闷亏。有条件的话，最好请一位有相关经验的专业人员帮忙审核合同内容。

【案例】樊登读书的抖音账号矩阵布局及运营分析

你喜欢读书吗？如果你既是抖音用户，又是阅读爱好者，想必你对于“樊登读书”这个账号的印象会非常深刻。如果你是资深的抖音运营人员，但对樊登读书没什么了解，那就太说不过去了。毕竟，樊登读书在打造矩阵这个方面堪称典范。

在矩阵的布局规划中，矩阵的规模、账号的数量都是非常重要的因素。知名 KOL 彭十六虽然也在走矩阵路线，但其在抖音上的账号也只有几个而已。樊登读书采用的是系列矩阵与领域细分相结合的模式，即以“樊登读书”为主账号，同时开发了上百个次账号——是的，樊登读书在抖音上的矩阵规模就是如此惊人。

之所以会出现这种难以被普通运营者所复制的矩阵，主要是因为樊登读书的线下产业链有一定的特殊性。攀登读书的收入主要来自线下不断增加的代理商，这种发展模式使樊登读书的团队力量非常充足，每个线下分会负责一个次账号的运营完全没有问题。不过，为了运营如此庞大的矩阵，樊登读书在享受其带来的经济效益的同时也承担着很大的运营压力。

次账号虽然有专人负责运营，但如何协调好主次账号之间的关系，以便保持运营方向的一致性呢？这是一个很棘手的问题。下面，我们就来分析一下樊登读书在矩阵运营方面的技巧，如图 7-12 所示。

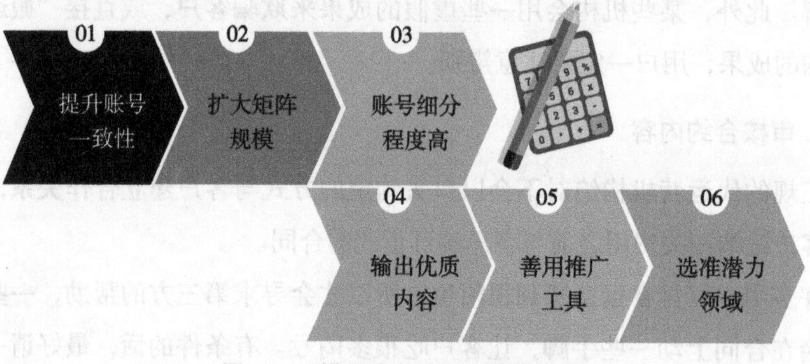

图 7-12　樊登读书的矩阵运营技巧

1. 提升账号一致性

樊登读书开发的大多数次账号基本上都能让用户一眼就看出这是与“攀登读书”这个品牌挂钩的，因为其系列账号差不多都是按照统一标准来包装的。

首先，次账号名称都带有“樊登”这两个字，头像也是以人像与文字两种形式来呈现的；其次，运营者为每一个次账号都做了企业号认证，蓝 V 标志会使其系列账号的可信度增强。最后，账号简介也为品牌运营提供了很大的帮助，次账号会在简介中放上相似度较高的福利内容及官方网站链接，以便实现更加高效的引流。

2. 扩大矩阵规模

如果樊登读书选择一般的矩阵布局，最多发展十几个次账号，那么其获得的成就肯定不如现在，品牌的影响力也不会像现在这么强。

一个人向你介绍某品牌，你可能转头就会忘记；10 个人向你介绍这个品牌，你对这个品牌的印象就会加深；100 个人向你介绍这个品牌，你肯定不会忘记这个品牌。当然，如果这 100 个人只是喋喋不休地重复相同的内容，那么被推荐者肯定会产生厌烦情绪。樊登读书在这一点上处理得很好，我们会在下面进一步分析。

总之，矩阵规模的扩大可以给品牌带来不少的好处，如宣传力度增强、品牌知名度上升等。

3. 账号细分程度高

上百个次账号应该如何定位？这是一个需要深入思考的问题。樊登读书选择的是阅读学习这一领域，不打算涉足其他领域。在同一个领域内，如何开辟上百条差异化的道路呢？樊登读书的操作非常值得广大运营者借鉴。

樊登读书的次账号分布在爱情、家庭、职场、校园等比较常见的领域，很多账号经过进一步的细分（见图 7-13），其定位的垂直化特征更加明显。就拿家庭教育来说，你可以找到专注于家庭教育、亲子、成长等不同方面的次账号，每一个账号都有自己的目标用户。

在如此细致的划分下，樊登读书的次账号数量虽然在不断增加，但不会给人一种重复或混乱的感觉，就像一个个排列有序的格子，每个格子都有自己的匹配对象。

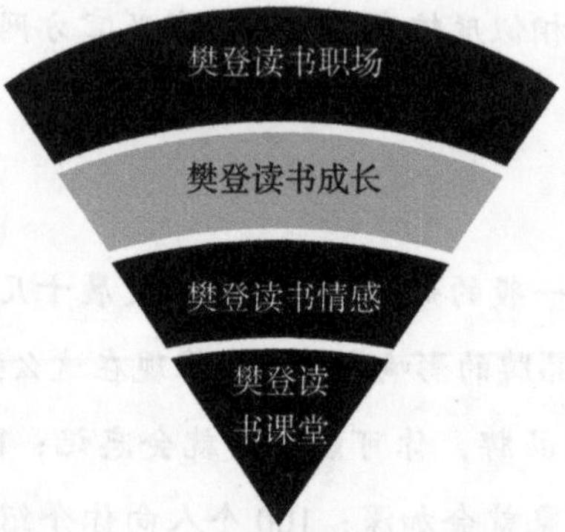

图 7-13　樊登读书旗下部分次账号

4. 输出优质内容

樊登读书这个品牌具有一定的特殊性。普通用户往往认为其运营人员受教育程度都比较高，文案、内容的质量也高于一般水平。毕竟，一个专门做好书推荐的品牌，如果连内容都做不好，就很容易被别人质疑。

樊登读书的矩阵布局为其高效输出内容提供了不少帮助。首先，上百个次账号可以保证内容源源不断地输出，即便某个账号在某天断更也没有关系，普通用户接收的信息量依然很庞大。其次，每个次账号都有自己的细分定位，这使账号运营者往往不会在创作内容时出现方向上的模糊。

此外，樊登读书在内容的总体规划上也确实花了不少心思。在樊登读书运营主账号初期，其发布的短视频反馈并不算太好，相关数据都偏低。樊登读书很快就改变了内容输出的方向，紧跟抖音流行风向来做内容，其短视频的热度才渐渐上升。

5. 善用推广工具

樊登读书走的是内容量产化的路线，所以即便使用推广工具也不可能将每条短视频都试一遍。樊登读书会在初期先选出几条潜力比较大的短视频，然后按 Dou+ 的最低付费标准去进行第一轮测试，再根据效果选择继续投放还是放弃。事实证明，Dou+ 真的为樊登读书提供了不少帮助，有许多点赞量过百万的短视频都得到了 Dou+ 的助力。

6. 选准高潜力领域

阅读学习这一领域虽然在抖音上不算冷门，但也确实没有太多的运营者会专注于这个领域。樊登读书看到了该领域的潜力，果断入驻抖音并开通了大量的次账号。事实证明，樊登读书的选择是十分正确的。

第 8 章

IP 塑造：以人格化魅力增强抖音账号的生命力

现在，IP 的价值已经得到了充分的展现，能够看清局势的运营者也都早早投身于塑造 IP 这项重要的工作。不过，增强账号的人格化魅力可不是一件简单的事，运营者需要明确哪些 IP 类型在抖音上比较受欢迎，此类 IP 具备哪些重要特征。打造一个 IP 就像培育一颗种子，需要考虑方方面面的事情。

8.1 何为 IP：IP 的主要属性及其能给运营者带来的好处

如果说普通用户对 IP 不是很了解还情有可原，那么以账号运营为主业的专业人员对 IP 还是一知半解就说明其并不能敏锐地察觉时代风向的改变，缺乏感知能力。

在内容为王的抖音平台上，IP 的地位不言而喻。我们需要先掌握一些与 IP 有关的基础知识，IP 的主要属性如图 8-1 所示。

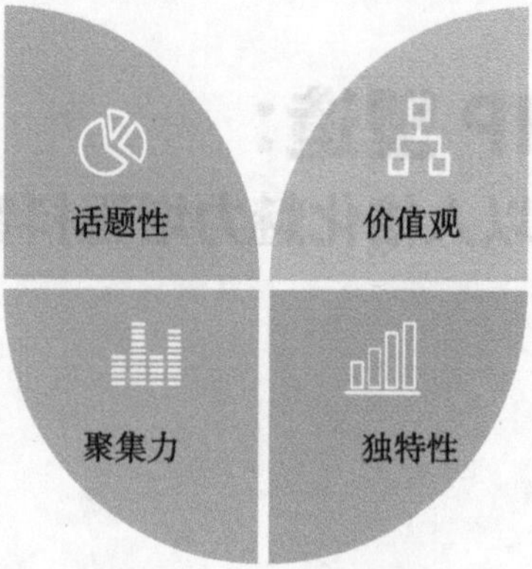

图 8-1 IP 的主要属性

（1）话题性

IP 必须具备足够的话题性，否则难以提升热度。例如，2020 年出现了一个十分火爆的 IP，那就是《乘风破浪的姐姐》，相关话题几乎每天都能上热搜。虽然不是所有 IP 都有这么强的话题性，但至少要让用户找到值得讨论的地方。

（2）价值观

IP 必须努力传达积极向上、能够发挥正面作用的观念。某些偏搞笑风格的 IP 虽然不太具备这种特质，但也必须要让用户能够从短视频中感受到一些正面的东西，否则就会沦为一个没有内涵的空壳。

（3）聚集力

哈利 · 波特系列电影、国内仍在不断开发的《西游记》等大 IP 聚集粉丝的能力非常强。聚集力越强的 IP，越容易创造经济效益。只有拥有长久、稳定聚集力的 IP，才能创造更大的商业价值。

（4）独特性

我们很少听说某些世界级的艺术品是在模仿、抄袭的基础上创作出来的。同理，IP 要想获得成功，就不能投机取巧。虽说并不是所有具备独特性的 IP 都能走红，但有一点毫无疑问：缺乏独特性的 IP 几乎没有成长起来的可能性。

抖音是一个娱乐性的平台，但同样适合打造内容 IP。以当下的平台环境来看，谁的内容 IP 创造能力强，谁的粉丝关系就越牢固，谁的变现效率就越高。

一禅小和尚是抖音上比较成功的 IP，目前的发展势头仍然很好。其画面精致程度没有多高，也就是中等偏上的水平；其剧情没有多充实，并没有那种荡气回肠的效果。然而，就是这样一个看起来有些平平淡淡的“佛系”账号，却成功地调动了无数用户的情绪，使他们纷纷在评论区发出自己的感慨。这就是 IP 的巨大魅力。

打造 IP 可以给运营者带来很多好处，具体如图 8-2 所示。

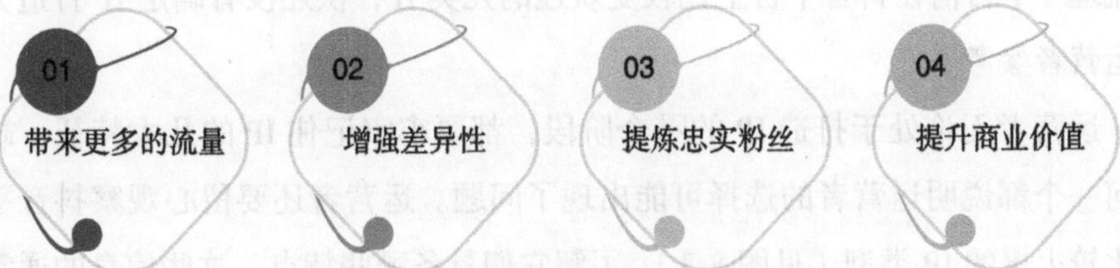

图 8-2　打造 IP 能给运营者带来的好处

（1）带来更多的流量

运营者打造出一个成功的 IP，无疑将给账号带来更高的热度。优质 IP 本身就具有某种光环，只要辅以适当的推广，IP 很快就会给账号带来庞大的流量。

（2）增强差异性

打造出 IP 的账号比普通账号更有优势。IP 能够帮助运营者拉近账号与目标用户之间的距离，使账号的形象更加生动，也更容易被用户记住。有些账号的实力其实很不错，但是没有利用 IP 制造差异性，其竞争对手很有可能抓住这一点，通过打造 IP 乘胜追击。

IP随着平台的发展已经变得越来越多样化，普通用户并没有足够的耐心去一一了解，只会记住最具特色的那些IP。

（3）提炼忠实粉丝

没有一位运营者希望自己的粉丝都是“僵尸粉”。那些打造出IP的账号，其粉丝黏性都非常强，忠实粉丝所占的比例也很高，粉丝的综合价值极高。因为IP往往意味着账号的人格化特征更突出，而用户更喜欢那些有人情味的账号。

（4）提升商业价值

IP并不是一次性道具，用完一次以后就没用了。真正的IP拥有强大的生命力，运营者不仅可以借助它输出优质的内容，还可以衍生出一系列周边产品，而这些产品可以带来更多的盈利机会，让账号的商业价值变得更高。

8.2 IP类型：抖音平台上最受欢迎的四类IP

抖音上的热门领域虽然有很多，但不是所有的热门领域都适合打造IP。下面梳理一下目前在抖音平台上比较受欢迎的几类IP，供还没有确定IP打造方向的运营者参考。

运营者无论处于打造IP的哪个阶段，都要牢牢记住IP的几大特征，缺少任何一个都说明运营者的选择可能出现了问题。运营者还要留心观察抖音平台上比较火爆的IP类型（见图8-3），了解它们具备哪些特点，这些信息的通常具有很高的参考价值。

图8-3　抖音平台上最火爆的IP类型

1. 人格类 IP

人格类 IP 能给用户带来真实、有温度的感觉。其人格魅力是否强大、与用户的距离是否很近都是决定 IP 打造是否成功的关键因素。

与其他几类 IP 相比，人格类 IP 有一些运营难点。第一，没有人能够仅凭一面之缘就摸透别人的底细，这意味着运营者要做好长期奋战的打算。第二，在打造人格类 IP 的过程中，运营者在前期看到的数据变化不会很大，所以一定要注重一点一滴的积累。

有许多人认为自己的魅力足够强，便选择打造人格类 IP，最后却失败了。他们失败的原因就是过分高估了自己。带货主播李佳琦的本职工作是销售产品，但现在有许多人观看他的直播并不是为了获得折扣、买东西，而是被他的性格、价值观等特质所吸引。打造人格类 IP 的重点不是能吸引多少流量，而是能积累多少忠实粉丝。

2. 知识类 IP

知识类 IP 必须输出各种有价值的信息、观点，不一定非要真人出镜。樊登读书就是知识类 IP 的典范。要想打造这类 IP，运营者首先要问自己几个问题：我的内容产出效率如何？我的内容是否具备独特性、新颖性？我是否有足够的素材？

知识领域的运营门槛本来就比其他领域高，就好像朋友之间的普通聊天与专家讲座是两个完全不同的概念一样。要想在抖音上打造一个成功的知识类 IP，运营者就要注意图 8-4 所示的事项。

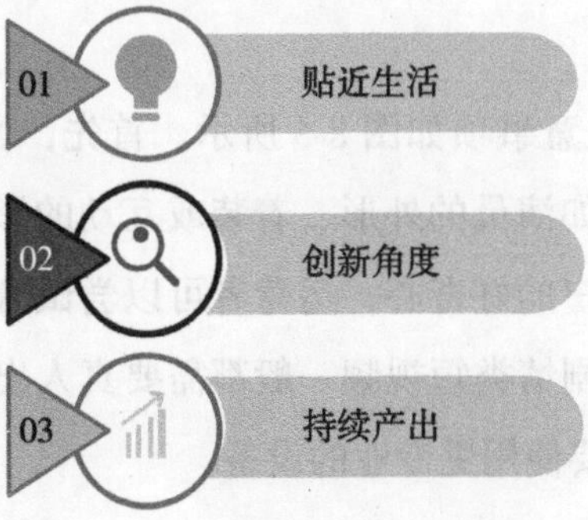

图 8-4　打造知识类 IP 的注意事项

（1）贴近生活

无论是输出学科类知识，还是输出其他方面的观点，运营者都不能忘记自己所处的平台是抖音，并非真的站在专业讲台上。知识类短视频可以适当提高内容的专业度，但必须保证用户能够看懂、听懂。成功的知识类 IP 不会让用户看完短视频之后一头雾水，它们往往能用简洁有趣的语言来有效地传递内容。

（2）创新角度

如果只是输出一些平平无奇的内容，那么知识类账号最多只能发展到小有名气的程度，无法形成 IP。能力较强的运营者可以从人们非常熟悉的内容里找到创新的角度，让用户产生"原来还能这样"的感叹。

（3）持续产出

抖音平台也在有意扶持知识、教育等细分领域。运营者如果选择打造知识类 IP，就要集中火力、持续产出。

3. 剧情类 IP

以上几类 IP 在抖音上都很受欢迎，但最受欢迎、最容易让账号迅速涨粉的还是剧情类 IP。

我们可以看看抖音上知名的剧情类账号"名侦探小宇"。该账号在没有集中精力去做矩阵的情况下，仅凭借优质的剧情就获得了大量用户的自发传播，这足以证明其剧情十分出色。与那些展示甜蜜恋爱场景、制作暖心类剧情的账号不同，名侦探小宇在剧情上尽可能贴近现实热点，以女性在现实生活中可能会遇到的风险、骗局来设计剧情，在中后期几乎每一条短视频的点赞量最少都能达到几十万。

打造剧情类 IP 的注意事项如图 8-5 所示。首先，剧情可以不是那么独特，但一定要有新颖之处，如演员的外形、着装或互动的形式等。其次，为了提高用户的关注度，增强用户的好奇心，运营者可以尝试打造系列短视频，在结尾适当留下悬念。最后，剧情类短视频一般都需要真人出镜，所以拍摄时要找好拍摄角度，有条件的话要使用更专业的设备。

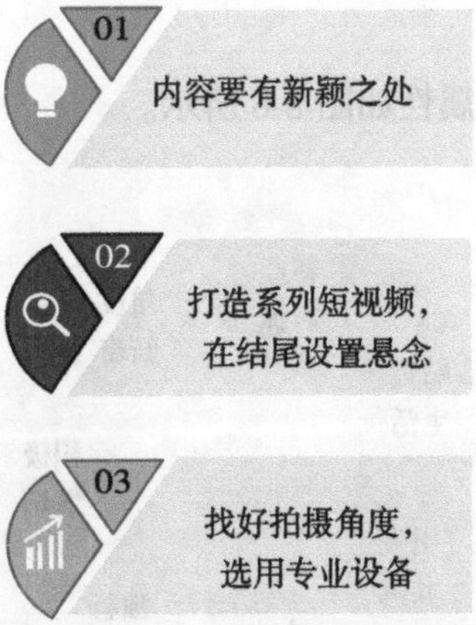

图 8-5　打造剧情类 IP 的注意事项

爱情类、搞笑类短视频在抖音上很热门。不过，运营者要想在竞争如此激烈的细分领域中成功打造出 IP，肯定没有那么容易。运营者可以寻找一些热度稍低但具备发展潜力的细分领域，或许可以找到更多的机会。

4. 产品类 IP

产品类 IP 比较适合企业号去做，因为企业在产品方面往往已经具备了相对丰富的运营经验，而且规模较大的企业都有自己的品牌，打造品牌 IP 会更加容易。举个例子，三只松鼠在抖音上的运营状态很好，一是因为其运营团队非常重视账号的人格化，二是因为该品牌本来就有粉丝基础，而且产品质量也相当不错。三只松鼠在打造产品类 IP 时节奏肯定会比较快。

如果品牌的知名度不是很高或者品牌形象比较陈旧，那么运营者要将重点放在产品品质及其衍生的情感上。例如，大白兔奶糖曾经借助怀旧情感成功地开展了一波营销活动，使这个老品牌重新焕发出了生机。因此，在这个时代，不能单纯地将产品视为一件物品，而要赋予其情感、温度。

8.3　基本属性：爆款 IP 所具备的七种基本属性

抖音上的爆款 IP 虽然风格迥异，运营手段也各有不同，但其所具备的基本属性都差不多。运营者要明确这些爆款 IP 的基本属性，这样才能在打造 IP 时更有针对性。

爆款 IP 所具备的基本属性如图 8-6 所示。

图 8-6 爆款 IP 所具备的基本属性

1. 新颖有趣

抖音是一个年轻化的平台，许多人在提起抖音时，脑子里第一时间浮现的都是“潮流”“有趣”这样的关键词。抖音并不是没有怀旧类短视频，但运营者不能真的按照旧时代的标准拍摄短视频，一定要在其中融入自己的创新，使内容更符合抖音平台的风格。

新颖有趣并不等于搞笑，该属性强调的是作品的原创性，以及作品是否带有强烈的个人风格和独特的创意。现阶段，具备这一属性的爆款 IP 应该是最容易打造的，例如，无论是主打烧脑剧情的“七舅脑爷”还是主打治愈动画的“萌芽熊”，都具备新颖有趣这一基本属性。抖音非常鼓励运营者多发表原创作品，这也是打造抖音 IP 的第一道门槛。

2. 角度新奇

角度新奇与新颖有趣有一定的相似性，但本质上还是两个概念。我们可以站在用户的角度来简单说明一下：具备新颖有趣属性的短视频可以让用户产生愉悦、治愈等情绪，而那些角度新奇的作品则更容易激发用户的好奇心，使其发出“怎么会这样”“后续剧情会怎么发展”等疑问。

这类短视频的互动量通常比较高，这可以提升打造出爆款IP的概率，毕竟用户的好奇心被激发往往意味着用户黏性会有所增强。在这个方面，“三分钟推理”“惊天碉堡团”等账号就做得比较好，有的选择悬疑风格，有的选择无厘头风格，但都能成功引起用户的兴趣，使其主动追踪后续剧情。

3. 情感积极

要想打造出爆款IP，就要尽量多做正能量、充满积极情感的内容。这背后的原因主要有两点：第一，抖音平台比较推崇带有积极色彩的作品，带有消极色彩的内容可以存在，但无法成为主流，更难成为爆款；第二，用户当然都会有负面情绪，但这并不意味着他们希望每天打开抖音时看到大量带有负能量的短视频，他们更希望借助抖音来缓解压力、放松心情。

为什么萌芽熊可以成为千万级账号？萌芽熊明明只是虚拟形象，为什么能拥有那么多的忠实粉丝？就是因为抖音的大部分用户在内心深处还是充满了积极的情感，而萌芽熊打造的可爱形象和暖心剧情能够充分满足用户的情感需求，它成为爆款IP是很合理的。

4. 独特颜值

之所以是独特颜值，而不是高颜值，主要是因为后者不足以支撑运营者打造出爆款IP。毕竟，抖音上从来都不缺少帅哥美女。你在抖音上随便输入一个关键词，就可以搜索出一大批“颜值博主”出镜的短视频，其中能成为热门的多，能成为爆款IP的却很少。

只有辨识度很高的人才有机会在高颜值人群中脱颖而出。初代抖音KOL“代古拉K”就凭借甜美的笑容给用户留下了深刻的印象，其粉丝的黏性即便到了现在也很高。

5. 个人技能

网上有这样一句话：“这年头，不会点才艺，连菜都卖不出去。”虽然这只是一句玩笑话，但也从侧面反映了个人技能的重要性。如果没有拿得出手的技能，基本上就与打造爆款IP无缘了。当然，并不是只有钢琴十级、跆拳道黑带这样的高级技能才符合条件。

抖音上的才艺类IP有很多。例如，“不齐舞团”的人气就非常高，虽然他们的舞蹈技术算不上专业，但许多没有舞蹈基础的普通用户也可以模仿他们。而且，不齐舞团成员的外形条件很优秀，短视频所选用的音乐和拍摄角度也不错。

6. 引发共鸣

能够引发用户的共鸣是爆款IP的重要属性。这也是抖音上人格类、情感类IP比较多的原因之一。如果运营者想要通过获得更多的忠实粉丝来打造爆款IP，就可以走情感化的路线。某些运营者只顾大量输出心灵鸡汤类的内容，没有自己的独特观点，这种短视频连上热门都很难，更不要说打造爆款IP了。

7. 贴近生活

抖音的口号是“记录美好生活”。如果运营者想走稳妥的路线，就要让短视频更加贴近生活。抖音上的美食类IP“麻辣德子”走的就是接地气的烹饪路线，短视频里没有什么高级厨具，画面也没有什么技术上的亮点，但也正因如此，该账号才成功地拉近了自己与用户之间的距离。目前，该账号的粉丝数量已经突破了3000万大关。

8.4 成长周期：IP成长的三个阶段及相应的运营方法

目前，抖音平台上的爆款IP并不少见，例如，“会说话的刘二豆”“一禅小和尚”等都是变现能力较强的头部账号。不少机构都希望从中分一杯羹，所以开始组建专业团队到抖音上孵化爆款IP。

打造一个IP在某种程度上和种下一粒种子并等待其开花结果差不多。没有谁能够用短短几天就打造出一个知名度极高的爆款IP，运营者还是要稳扎稳打地开展工作。我们可以将IP的成长分为三个阶段，每个阶段的工作都有不同的侧重点，如图8-7所示。

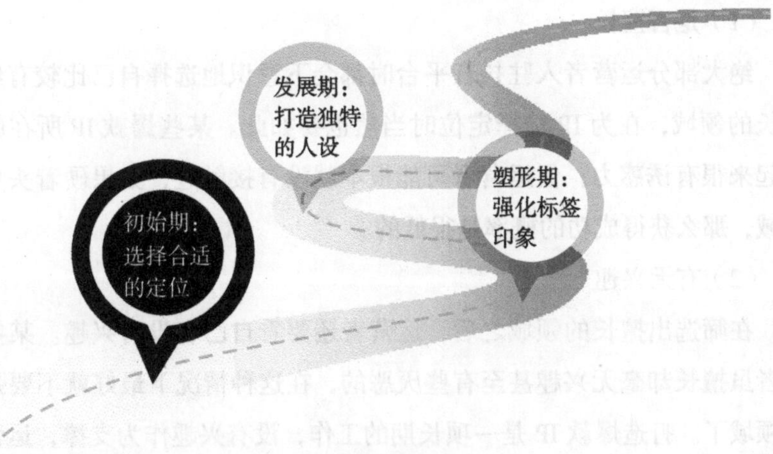

图 8-7　IP 成长的三个阶段

1. 初始期：选择合适的定位

要想打造出一个爆款 IP，运营者首先要选择一个最适合自己的定位。哪怕是做一条爆款短视频，都必须让内容垂直化，更不要说打造爆款 IP 了。抖音上的爆款 IP 没有同时具备两个及以上定位的。用户可能会同时关注多种类型的账号，但运营者不能为一个账号选择多个定位。

当所有人都站在同一条起跑线上的时候，谁能够在起跑阶段采用正确的姿势迅速发力，谁就能更快地跑到终点。在为 IP 选择定位的阶段，运营者需要考虑图 8-8 所示的几个因素。

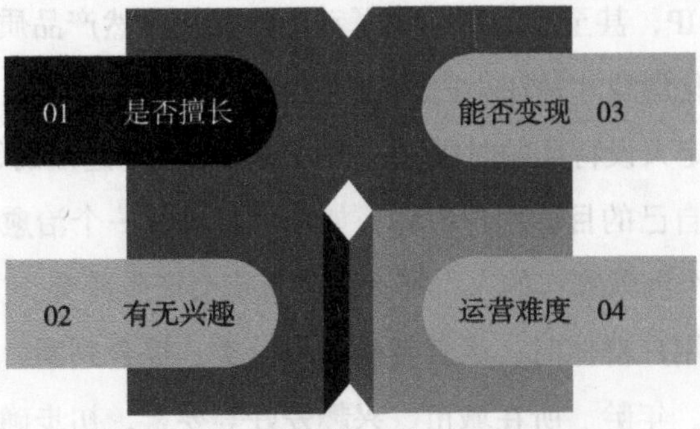

图 8-8　为 IP 选择定位时需要考虑的因素

（1）是否擅长

绝大部分运营者入驻抖音平台时都会下意识地选择自己比较有经验、比较擅长的领域，在为IP选择定位时当然也要如此。某些爆款IP所在的领域虽然看起来很有诱惑力，但运营者可能根本就没有接触过，如果硬着头皮进入这些领域，那么获得成功的概率是很低的。

（2）有无兴趣

在筛选出擅长的领域之后，运营者还要看自己有没有兴趣。某些领域是运营者虽擅长却毫无兴趣甚至有些厌恶的，在这种情况下最好就不要强行进入这些领域了。打造爆款IP是一项长期的工作，没有兴趣作为支撑，运营者在进行内容创作的时候会很痛苦。

（3）能否变现

爆款IP大都具备较强的变现能力。无论运营者是否有这个方面的打算，都要在敲定IP定位之前对其商业潜力进行简单的评估。

（4）运营难度

小众领域、竞争不激烈的领域、素材较少的领域都是运营难度较高的领域，运营者要尽量避开。当然，如果运营者对某个领域十分熟悉，就另当别论了。

2. 发展期：打造独特的人设

打造IP其实也是在打造独特的账号人设。例如，江小白是一个有很大影响力的IP，虽然它背后是酒类产品，但它的文艺青年形象却让大家记忆深刻。围绕着江小白这个IP，甚至已经衍生出了动漫作品。虽然产品质量发挥着基础性的作用，但人格化形象才是江小白成功的关键。

运营者在确定人设特征的时候，一方面要根据先前选定的领域做深入分析，另一方面要找准自己的目标用户群体。如果你打算做一个治愈类的情感IP，而你的人设却是一个沉默寡言的人，那么两者肯定会产生冲突。

在分析目标用户群体时，运营者要细致分类、综合判断。运营者可以通过分析用户的性别、年龄、所在城市、兴趣爱好等要素，初步确定其喜爱的人格形象，并在后续的运营中不断对其进行调整。此外，运营者还可以多看一看竞品的做法。

3. 塑形期：强化标签印象

塑形期也可以称为成熟期，如果前几个阶段的工作做得比较好，那么进入成熟期的速度就会更快一些。在这一时期，运营者应该已经找到了自己擅长的风格，并且有了一定数量的忠实粉丝，运营者需要做的就是进一步对 IP 的标签印象进行强化。

举一个企业号打造品牌 IP 的例子，如果你关注了三只松鼠的抖音号，就会收到一条充满可爱风格的自动回复："哈喽，我亲爱的主人，今天给松鼠点赞了吗？"这条自动回复与三只松鼠的形象十分一致，很容易让用户会心一笑。三只松鼠主页上的简介是："陪你们在抖音一起玩耍卖萌的小凶许。"如此用心的文案配以三只松鼠的小动物短视频，形象显得十分鲜明立体。

个人号虽然在功能方面有所欠缺，但也要重视细节，做好图 8-9 所示的几项工作。

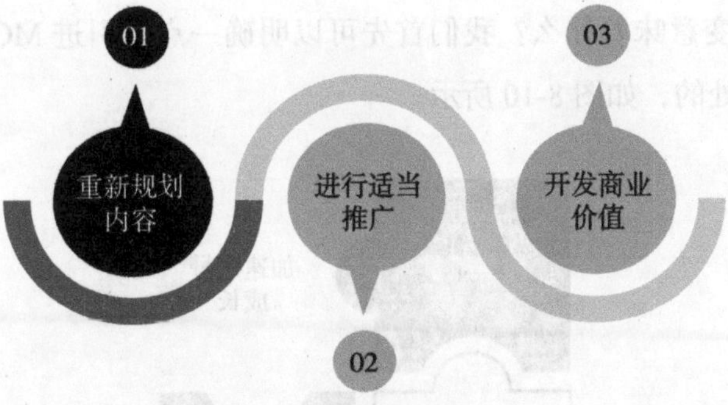

图 8-9　塑形期要做的工作

（1）重新规划内容

这里说的重新规划，并不是说要做出较大的改变，像人设、定位等都是不能轻易改变的。运营者在塑形期要对短视频的内容进行深入策划，调整侧重点。大多数运营者在这一时期会更注重理念的输出，即传递自己的价值观。

（2）进行适当推广

许多运营者都会遇到发展瓶颈，这主要是因为推广力度不足。虽然总有人说“酒香不怕巷子深”，但如果运营者不做好宣传推广工作，可能用户还没有闻到你家的酒香，就已经被巷口的其他酒铺吸引走了。

（3）开发商业价值

在塑形期，IP 的商业价值应该已经有所体现了。要想让使其成为真正的爆款 IP，运营者还需要采取更多的措施，尽可能开发其商业价值，如与 KOL 合作、举办挑战赛等。

8.5 MCN 化：MCN 的优势与构建专属 IP 的方法

什么是 MCN？为什么这个名词频繁出现？简单来说，MCN 就像一个中间商或一个中介机构，发挥着沟通、协调、培养 KOL 等作用。当抖音上的创作者越来越多，品牌商的需求也越来越多样化时，抖音必然会 MCN 化。

MCN 机构会对相关人员进行个性化的培养、包装，然后打造出一个又一个崭新的 IP。值得一提的是，抖音在运营初期其实并不欢迎 MCN 化的趋势，但在 2019 年以后不得不重视 MCN 机构，还与其达成了战略合作关系。

抖音的改变意味着什么？我们首先可以明确一点，引进 MCN 机构对抖音的发展是有好处的，如图 8-10 所示。

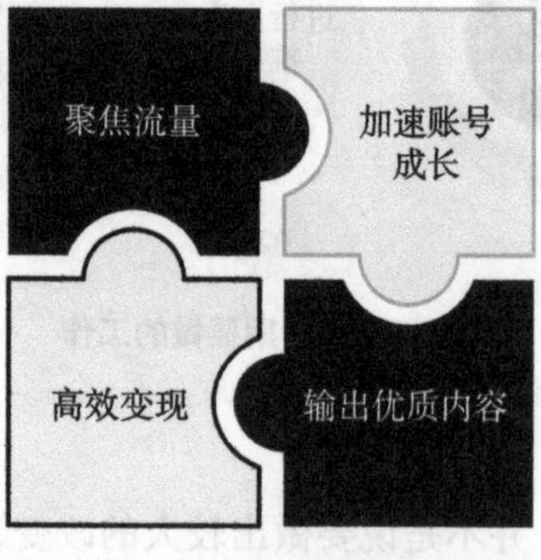

图 8-10　MCN 给抖音带来的好处

1. 聚集流量

有许多运营者的创作能力很强，但短视频的流量却始终没有太大的增长。

MCN机构在引流这个方面的能力是十分强大的。抖音当前已经开始大量引入MCN机构，能够通过审核的机构都能为有引流需求的运营者提供一定的帮助。

2. 加速账号成长

专业的MCN机构可以提供个性化的定制服务，它们在为账号制定发展规划的时候既贴心又严谨，而不是像流水线一样进行机械化的生产。这有点像孩子上课外班、才艺班，虽说也有天赋过人、完全靠自学就能取得好成绩的孩子，但大多数孩子还是要依靠专业机构的培养才能快速地成长起来。

3. 输出优质内容

MCN机构能够帮助签约者输出更多的优质内容。无论签约者原本在内容创作方面的天赋如何，MCN机构都可以使其变得更优秀。这也是抖音下定决心引入MCN机构的原因：抖音需要更多原创性较强的优质作品，所以需要MCN机构的力量。

4. 高效变现

MCN机构背后有一条完整的产业链，而且具备较强的变现能力。像"知名达人倒霉侠刘背实""独角SHOW"等KOL就是由MCN机构一点点孵化出来的。比起那些没有同MCN机构签约的KOL，他们的变现效率要高很多。

不同的MCN机构在打造个人IP时所采用的方法与理念都不一样，不过，我们可以从几大知名MCN机构的成功案例中得出通用性较强的方法，如图8-11所示。

（1）强化形象包装

随着时代的发展，MCN机构在打造IP方面的能力也愈发强大。过去人们经常吐槽网络红人就是在流水线上加工出来的，而现在的MCN机构则在差异化的道路上越走越远。

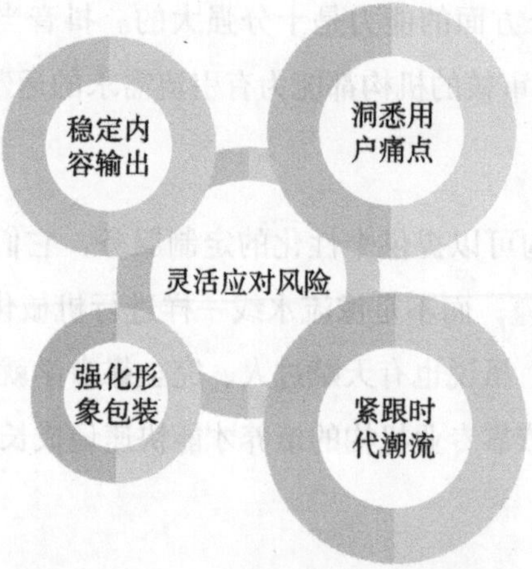

图 8-11　MCN 构建专属 IP 的方法

许多早期 KOL 的形象到了现在已经不再具备较强的独特性，但在特定的时期仍然非常受欢迎，专业程度较高的 MCN 机构会根据签约者的形象特点进行相应的包装，不会强行迎合用户的口味。

（2）稳定内容输出

有很多人会说，即便没有 MCN 机构的帮助，有才华的创作者也可以顺利地完成内容输出。但是，每天持续更新与断断续续更新、只打造出一个爆款与长时间维持热度，二者肯定是不一样的。某些创作者在打造出爆款短视频后，自信心就会陡然增强，但后续发布的短视频的数据却一路走低，遇到这种棘手情况的创作者最终大都会接受 MCN 机构的邀请。

（3）洞悉用户痛点

有许多以直播带货为主业的抖音玩家也是 MCN 机构关注的对象。MCN 机构的专业人员对用户痛点非常敏锐，并会根据签约者所针对的目标群体为其制定发展规划。

电商达人张大奕的淘宝店运营情况可以用蒸蒸日上来形容，销售额在同类店铺中也算得上十分可观。如果没有 MCN 机构的帮助，张大奕虽然也能够凭自身的实力去运营店铺，但成绩恐怕就会差一大截。

（4）紧跟时代潮流

作为孵化 KOL 的平台，MCN 机构并非来者不拒，只有具备潜力的创作者才会进入其邀请名单。在自媒体行业，每一个时期的潮流都有所不同，MCN 机构需要用最快的速度发现那些微小的变化，这样才能保证签约者及自身迅速地适应环境的变化。

（5）灵活应对风险

抖音的创作环境比较好，不存在太大的风险，但没有签约的个人运营者有时还是会遇到一些比较棘手的问题：账号疑似出现了“僵尸号”的特征；发布短视频时不知道违反了什么平台规则，结果被退回；被竞争对手恶意抹黑等。这些问题中的大部分都可以交给 MCN 机构来解决，虽然 MCN 机构也不能确保解决所有问题，但肯定比个人运营者更有经验，解决问题的成功率也更高。

【案例】洋葱集团总能产出爆款抖音 IP 的秘诀

冷不丁提到洋葱集团，或许你不会有什么反应，因为大部分人对这个集团并不是很熟悉。但如果提到其签约者的账号名称，想必经常刷抖音的你就不会感到陌生了：办公室小野、铲屎官阿程、代古拉 K……单独拎出来其中任何一个，都是实力很强的头部账号。

能够一口气孵化出这么多爆款 IP 的 MCN 机构洋葱集团究竟有哪些运营方面的秘诀呢？

当前 MCN 机构的数量虽然很多，规模与能力却各不相同。洋葱集团在各类 MCN 机构中算得上是“头部账号”，它以强大的运营能力而闻名，并且还在不断吸收、培养新的种子选手。

在抖音上打造爆款 IP 可不像做个硬广那么简单，不是靠单纯的砸钱就可以实现的，洋葱集团有自己的诀窍，如图 8-12 所示。

图 8-12　洋葱集团打造爆款 IP 的诀窍

1. 选人眼光独到

我们现在看洋葱集团旗下的 KOL，大概会觉得他们已经站在了足够高的位置上，很少有能够让其仰望的对象。然而，不同于某些 MCN 机构直接签下那些已经有一定名气的 KOL 的做法，洋葱集团自始至终都坚持聚焦于新人，这些人都是此前没有深入接触过相关行业、也没有什么名气的普通人。

这种做法的风险其实很高，新人在一开始没有任何竞争力，不懂行业知识，围绕他们打造一个爆款 IP 的过程也更加漫长。如果新人经过专业培训之后能力仍然不突出，而且看不到什么进步，洋葱集团的投入就算是白费了。

但是，洋葱集团依然选择了培养新人的运营模式，事实证明他们的选择是明智的，在这种模式下打造出来的爆款 IP 会为其创造更大的价值。当然，这一切都离不开其独到、精准的选人眼光，被洋葱集团选出来的新人大多数都具备一些比较独特的优势。

2. 人设标签精细

每个 MCN 机构都会为签约者选择一个合适的人设。洋葱集团在此方面的工作精细到了极致。他们不会简单地根据签约者的外在特征为其确定人设，而是采用排除法，对可选标签进行逐个筛选。

一位演员要能扮演多种类型的角色，这样才称得上专业，但在抖音上打造爆款 IP 时可不能这么做。洋葱集团需要的是绝对精细化的人设，形象特征模糊与人设频繁调整对 IP 打造来说是非常不利的，因为这难以让用户对其产生深刻的印象。

洋葱集团在给新人贴标签的时候会考虑很多方面，如新人的自身条件、如何保证匹配感与反差感的平衡、该人设标签是否具有特色等。这种精细化程度极高的个性化定制模式使洋葱集团打造出的 IP 都非常成功。

3. 内容足够优质

有了一个独具特色、具有潜力的人设，只能算是打好了基础，更重要、更具决定性的则是短视频的效果是否达标。之所以说效果而不是质量，是因为洋葱集团在短视频画面、剧情、文案等方面都做得很好，质量合格并不意味着短视频一定能够火起来。

洋葱集团在打造内容时主要把重点放在情感和互动性这两个方面，如图 8-13 所示。

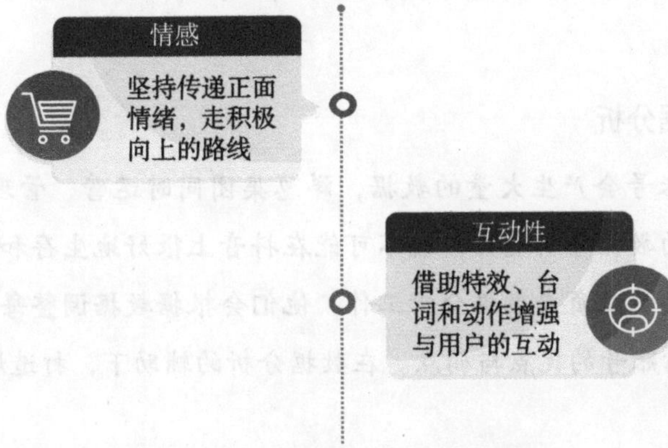

情感
坚持传递正面情绪，走积极向上的路线
互动性
借助特效、台词和动作增强与用户的互动

图 8-13　洋葱集团打造内容时的重点

从情感方面来说，现阶段的抖音爆款 IP 对价值观的传递愈发重视。洋葱集团打造出了类型多样的爆款 IP，但没有一个是传递负面情绪的，有些能够让用户感到放松，有些则会让用户产生被鼓舞、被治愈的情绪，这也是增强 IP 影响力的重要条件。

以代古拉 K 为例，虽然她的才艺是舞蹈，但舞蹈能力比她强的人并不算少，她之所以如此受欢迎，主要还是因为每一条短视频都会出现的、已经成为其鲜明特征的笑容。大部分用户并不是舞蹈方面的专家，他们更希望通过短视频感受到美好、积极的力量。

从互动性的角度来说，我们可以看到洋葱集团所打造的爆款IP大都会在短视频中不断增强与用户之间的互动，有的借助于抖音的特效，有的着眼于台词和动作。同样都是高颜值出镜者，A只是沉浸在自己的世界里，而B则能自然地与用户进行互动，大部分用户恐怕都更喜欢没什么距离感的后者。

4. 洞悉平台玩法

物竞天择，适者生存。谁更熟悉抖音平台的玩法，谁更能融入这个环境，谁胜出的概率就越高。洋葱集团在初期的规模不是很大，专业程度也没有现在这么高，但其运营人员深入研究了抖音平台，包括平台的主打风格是什么，达到哪些条件才能获得更大的流量池，平台更喜欢具有什么特征的内容等。在了解平台需求的基础上，洋葱集团在培养新人、打造爆款IP的时候就能更加高效。

5. 注重数据分析

运营一个账号会产生大量的数据，洋葱集团同时运营、管理着很多账号，如果没有强大的数据分析能力，就不可能在抖音上很好地生存和发展下去。洋葱集团有专门的员工负责数据分析工作，他们会根据数据调整每个签约账号的运营方案，总结账号的优点与弱点。在数据分析的辅助下，打造爆款IP的速度就会快上许多。

第 9 章

蓝 V 账号：
企业号在运营上的特殊之处

自从抖音正式开放了蓝 V 账号的申请渠道后，抖音平台上的蓝 V 账号数量便以极快的速度增长，其中不乏大家非常熟悉的知名品牌所开设的账号。事实证明，企业入驻抖音的优势还是很明显的，企业与抖音之间是互利互惠的合作关系，彼此都能从中获得好处。

要想运营好蓝 V 账号，首先要了解蓝 V 账号具备的特权，还要研究蓝 V 账号在内容制作方面的特殊性。只要花了心思，即便是小品牌，也完全可以实现逆袭。

9.1　平台支持：抖音对蓝 V 账号的态度与期望

抖音在运营初期并没有开通企业号的认证渠道，而且当时也没有多少商家、品牌会将注意力放在抖音平台上。但在 2018 年，抖音调整了运营思路，开通了企业号认证功能，并且在此之后以企业号为核心进行了一次又一次的特权调整。

现在，抖音已经成了各大品牌关注的焦点，我们很有必要深入分析抖音对蓝 V 账号的态度及期望。

首先，根据抖音公开的数据，2019 年是一个非常重要的时间节点，因为在这一年，抖音上蓝 V 账号的数量急剧增加。其次，入驻抖音的蓝 V 账号在类型上也变得更加多样化，所覆盖的行业范围迅速扩大，用户可以在抖音上可以找到各行各业的蓝 V 账号。那么，是什么原因造成了这一改变？抖音自身又有什么样的想法呢？

我们可以从运营者的角度来思考，蓝 V 账号背后的运营者早已经在商场中打拼多年，如果抖音无法为其提供帮助，精明的商人是绝对不会在这个平台上浪费资源的。他们能够通过抖音获得什么？我们可以通过他们获得的资源来间接窥探抖音的真实态度。

在商业交往中，合作关系的确立往往基于一个原则：双方都可以从中获利。企业需要流量来扩大品牌的影响力，而抖音一方面可以为企业带来相应的流量，另一方面也为企业变现提供了平台，如图 9-1 所示。

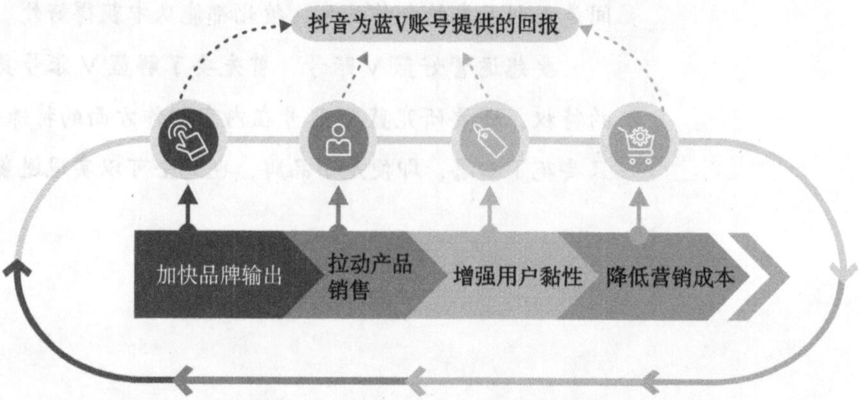

图 9-1　抖音为蓝 V 账号提供的回报

1. 加快品牌输出

在这个信息极大丰富的时代，品牌做好信息输出非常重要。从某个角度来说，品牌的输出能力甚至可以决定一家企业的发展前景。如何利用抖音平台向外界输出企业的价值观、经营理念及相关信息是企业需要思考的重要问题。增强品牌的整体影响力，加深用户对企业的印象，就是抖音能够为企业提供的重要价值。

2. 拉动产品销售

带动产品的销售是企业入驻抖音的根本目的。企业的大部分营销活动都是以产品为核心举办的，产品的销量反映了企业的核心竞争力。抖音如今的玩法十分丰富，企业完全可以根据自身条件来选择最适合自己的玩法。例如，企业可以借助各种形式的活动吸引用户关注自身旗下的品牌，进而开拓市场。

3. 增强用户黏性

对品牌商而言，维护老客户的同时不断吸纳新客户是一项长期的工作。当下，新品牌层出不穷，新品牌取代老品牌也是经常发生的事情。用户是主动做出选择的一方，因此企业入驻抖音也是为了通过流行文化来增强用户的黏性。

4. 降低营销成本

在抖音上，除了广告付费合作，大部分功能都是免费的。企业无论规模大小、知名度如何，起跑线都差不多。制作短视频的成本非常低，企业需要思考的是如何传播自己的品牌，增强自身的影响力。与线下相比，在抖音上开展营销活动的成本低很多，这对正处于发展期的小企业来说是一件好事。

上面这些就是蓝V账号能给企业带来的好处。相比于普通的个人号，抖音一开始给蓝V账号的特权就比较丰富，后来还不断充实各种特权，为蓝V账号打造了一个越来越有吸引力的运营环境：评论、私信等基础组件得到优化，用户管理系统上线，账号权重增加……这一系列改变都指向了一个清晰的事实：抖音需要更多的企业入驻，也在不断加大力度去支持蓝V账号的发展。

但是，抖音和品牌商一样需要从合作中获得实打实的利益，否则它没有理由提供这么多特权。那么，抖音的需求又是什么呢？

作为一个短视频平台，抖音的雄心可从来都不小。抖音大力扶持蓝 V 账号的发展主要有两个原因：一是扩大抖音的运营规模，使平台的生命力更加强大；二是紧跟时代的发展步伐，加快平台的转型，让平台的电商属性变得更加明显（见图 9-2）。

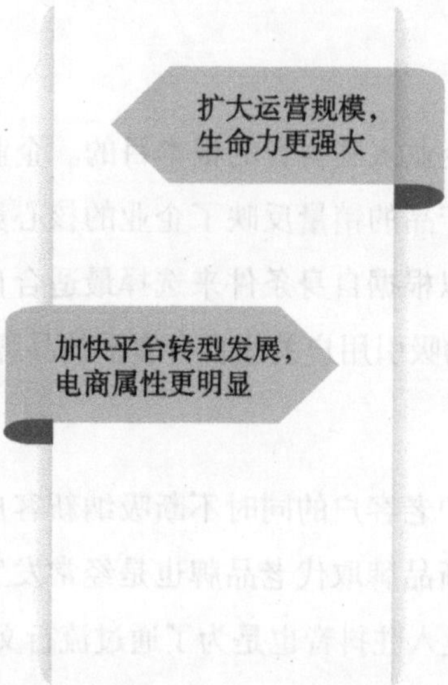
扩大运营规模，
生命力更强大
加快平台转型发展，
电商属性更明显

图 9-2 抖音扶持蓝 V 账号的主要原因

抖音用户的活跃度在业内已经算得上十分优秀，但没有任何运营者会因此而放缓脚步。抖音只有不断扩大用户规模，才能让产品的生命周期尽可能延长。知名品牌如小米手机、阿里巴巴、完美日记等入驻抖音势必会带来一批忠实粉丝。如果配合这些知名品牌做几个挑战赛活动，或者进行线上线下联动，抖音的综合实力就会越来越强大。

我们可以将眼光放得更长远一些。抖音虽然还喊着生活化的口号，但其整体的发展趋势却在向电商靠拢。近年来，电商的变现能力逐渐增强，各大电商平台变得更加成熟。抖音如果不进一步增强自身的变现能力，其商业价值就会逐渐降低。有许多主战场原本在线下的品牌选择入驻抖音来寻求发展，这也从侧面证明了抖音的电商属性正在得到增强。

9.2 多元功能：企业号比个人号拥有更多的特权

许多商家对企业号所享有的特权不是很了解。下面介绍一下企业号所拥有的特权，如图9-3所示。

图9-3 抖音企业号所享有的特权

1. 防伪功能

蓝V标识是企业号与个人号最明显的一个区别。虽然抖音账号的昵称是不可以重复的，但可以通过添加空白字符等方式使昵称与企业品牌名称相同。在这种情况下，蓝V认证可以使企业号在一众仿冒者中间脱颖而出。

品牌名称本身就是一种流量来源，无论品牌的影响力是大还是小，起码比普通的个人号影响力要大。某些用户在初期选择仿冒某些品牌，等积攒了一定的粉丝之后再对昵称进行变更，以此获得初始流量。这种做法往往会使想要关注这个品牌的用户产生困惑，同时还会使企业应得的资源被抢走。

抖音在赋予企业号蓝V标识时，为了避免让用户在一堆相似度极高的名字中费力地找出“正版”账号，还会赋予真正的企业号账号置顶的特权。

2. 视频置顶

通过蓝V认证的企业号拥有将三条视频置顶的权利，而普通用户是不能在主页中将视频置顶的。这一特权可以给企业号带来不小的优势。企业可以将自己最满意、营销效果最好的视频置顶，相当于对视频做二次传播，而且是免费的。

不要忽视该功能的重要性，如果企业随便挑几条短视频置顶，就等于白白浪费了平台提供的引流机会。在选择置顶内容的时候，企业需要考虑几个问题：置顶视频是否与账号定位相符？置顶视频能否对用户产生吸引力？置顶视频的价值如何实现最大化？预算不充裕的小企业一定要认真思考、慎重选择。

3. 外链跳转

企业号拥有在主页中添加店铺链接的特权，用户可以通过点击链接实现一键跳转。外链跳转是提升产品销量的一个重要工具，企业也可以链接自己想要展示的内容，使用户直达官方旗舰店。一些知名品牌如康师傅、旺仔等都会在企业号主页添加官方旗舰店的链接，使自己的产品能够得到更直接的曝光，完成销售转化。

4. 广告发布

企业入驻抖音的主要目的就是开展营销活动，增强自身品牌的影响力。在打广告方面，企业号拥有一定的特权，而个人号却面临着诸多限制。普通的个人号打广告会容易被系统判定为垃圾内容。有时用户只是单纯地想要分享一下个人生活，就很可能面临账号权重下降、后续流量受控等问题。

抖音允许企业号发布广告，很少会限流。不过，直接打广告的做法并不可取。某些老牌企业还是更习惯采用传统的营销方式，但既然入驻抖音，就说明它们明白时代潮流已经改变了。考虑到平台的特点和用户的口味，企业在打广告时还是要采取更加柔性的方式。

5. 视频时长

抖音上多数短视频都受 15 秒时长的限制，尽管个人用户也可以获得 60 秒视频权限，但面临粉丝方面的限制。而企业号在通过认证后就直接获得了 60 秒视频权限，这使其拥有了更大的展示空间。不过，在发布长视频的时候，企业号的运营人员也要注意，时间长不代表视频内容质量可以降低，一定要在时间把控到位的前提下让内容更加充实、有趣，否则就会浪费这个特权。

6. 详情展示

这项特权对一些小型连锁店很有用，如健身中心、奶茶店、小吃店等。抖音允许通过认证的商家将店铺地址、店主联系方式放在主页中，而个人用户做出这种行为则属于违规。该特权可以直接增加店铺的客流量，这是相对于个人号优势十分明显的功能。如果将其与抖音平台的其他功能有效地结合起来，那么线下店铺的客流量与营业额都能得到有效的提升。

7. 私信回复

企业号可以设置用户关注后的自动回复内容，使企业号与用户的互动更加自然。自动回复可以降低人力成本，使用户得到更好的反馈，并在一定程度上提高工作效率。开通企业号本来就是为了更快捷地向用户传递信息，而用户也希望企业号的私信提供有用的信息。在这种情况下，关键词引导回复、私信菜单栏的设置可以发挥积极的作用。个人号没有自动回复功能，只能手动回复。

8. 数据分析

企业号每天的流量在正常情况下比普通的个人号要高。在这种情况下，人工监测、统计数据往往很麻烦。尤其是对海尔、完美日记这样的粉丝数量庞大的知名品牌来说，人工统计数据会浪费很多时间。

抖音为企业号提供了数据分析服务，运营者可以直观地看到互动数据、运营数据等，还能评估账号的价值、营销效果等。这项服务对企业号来说非常有价值。

9.3 内容制作：蓝 V 账号内容运营的“3H+3S”方法

在入驻抖音之前，很多企业已经有了互联网运营方面的经验。蓝 V 账号的运营模式在持续演化，如果企业不能随之做出调整，即便享受着抖音提供的特权，也无法真正获得什么好处。蓝 V 账号的运营人员必须掌握时下最流行、最实用的内容制作方法。

针对蓝 V 账号，抖音官方曾经于 2018 年发布《抖音企业蓝 V 白皮书》，并在该白皮书中提出了“3H+3S”方法论——3H 内容规划法和 3S 准则。其中，3H 内容规划法是指蓝 V 账号的运营者在规划内容的时候可以重点从三个方面入手：热点型内容（Hotspot）、标签型内容（Hashtag）和广告型内容（Headline），如图 9-4 所示。

图 9-4 最适合蓝 V 账号创作的内容类型

（1）热点型内容

利用热点开展营销是运营者的必备技能之一。企业创作热点型内容的主要目的就是增强自身品牌或产品的影响力，因此一定要将热点事件与品牌或产品的特色结合起来。热点一般分为社会型热点与网络型热点，运营者可以选择合适的热点开展借势营销。

网上曾经有一个很火的剧情套路：一个人不小心摔了一跤，摔出一地"值钱货"。这个套路一度被炒得十分火热：医科学生不小心摔出一堆厚厚的医学书，健身教练不小心摔出一大堆蛋白粉……旺仔也抓住了这个热点，做了一条短视频：一位员工不小心摔了一跤，摔出了一堆旺仔品牌的产品。该短视频发布后热度飙升，旺仔也通过热点型内容收获了一大批新粉丝。

（2）标签型内容

标签可以用来快捷地筛选不同种类的物品。抖音上的标签型内容不是固定不变的，该类内容的特点就是符合用户的喜好，品牌自身的特性突出，所以短视频的个性化特征非常明显。

标签型内容可以展示品牌的独特信息，如品牌 Logo、品牌旗下的核心产品等。场景一定要与品牌具有很强的关联性。例如，如果你想要展示游泳的场景，那么背景就要与水有关。

另外，运营者也可以借助标签型内容使短视频更有生活气息。短视频可以展示企业员工的日常工作，也可以展示办公室，这样更容易引导用户互动。

（3）广告型内容

这类内容对创意的要求较高，而且具有很强的导向性，通常会展示品牌信息。成功的广告型内容应该是既直白又柔软的，直白是指内容必然带有明显的营销意味，而柔软是指内容新颖，用户不会产生反感。

广告型内容一般与产品的特色联系紧密。例如，奥迪的广告一般走奢华路线，巴黎欧莱雅的广告则多采用高雅、浪漫的风格。如果内容与品牌的一贯风格不符，就会削弱营销效果。

除了 3H 内容规划法，《抖音企业蓝 V 白皮书》针对蓝 V 账号的内容运营还提出了 3S 准则，即运营者在制作内容时要遵守三个准则——信息点突出（Stress）、低理解成本（Simple）、易用户参与（Simulate），如图 9-5 所示。

图 9-5　适用于蓝 V 账号的创作技巧

（1）信息点突出

既然是蓝 V 账号，其短视频必然会涉及品牌或产品的特点，目的是增强用户对企业的好感，促进后续的变现。相比于植入商业内容时要格外谨慎的个人号，蓝 V 账号更具优势，因为抖音给了它们足够大的广告植入空间。即便如此，运营者也不能走过于传统的路子。

大家十分熟悉的支付宝在这个方面就做得比较好。虽说支付宝的主要功能是收付款，但它也有很多其他功能。支付宝不仅通过抖音涨粉无数，还通过内容输出让更多的人了解了收付款之外的其他特色功能。例如，支付宝曾经蹭高考这个热点，将信用分与高考分数结合到一起创作短视频，这就是一种既突出产品特点又不会令用户感到反感的手法。

（2）低理解成本

虽说企业号通过认证就能够获得60秒长视频的发布权限，但抖音上的绝大部分视频都是十几秒的短视频，抖音公布的时长数据也能证明这一点。运营者在为蓝V账号制作内容时，虽然可以不受15秒时长的限制，但也不要让每条视频的时长都达到上限。

大部分用户都是在碎片时间刷抖音，他们更希望通过短视频看到既有趣又便于理解的内容。这对蓝V账号的运营者来说是一种限制，因为时长的压缩必然导致创作难度的提升，况且企业号内容的可选范围小于个人号。

企业号的内容无外乎就是内部人才、产品优势、品牌活动等。企业号一般不会在抖音上发布过于复杂的内容，即便真的需要发布科普类的内容，也要尽可能将内容做得便于理解。

（3）易用户参与

企业号要尽可能通过各种福利活动调动用户的互动积极性。例如，企业可以在短视频中提出一个问题，在评论中抢先给出正确答案的前几名用户可以获得相应的奖励。

运营者也可以将短视频做得更有趣味性，通过迎合热点、洞悉用户需求等手法引导用户与企业号互动，参与企业号发布的各类活动，促使其对短视频进行自发传播。用户的互动积极性越高，他们对品牌商的价值也就越高。

9.4 人格化运营：如何将品牌营销融入人格化互动

如果将品牌人格化比作一场面具绘制比赛，那么只有最独特、最形象的面具才能获胜，其他特点不突出的面具自然无法成为评选者关注的对象。品牌要想为自己打造一个成功的人格化形象，就要保证这个形象十分新颖，不能直接将时下比较流行的人格化特征复制过来。

将人格化运营工作做得比较好的品牌有江小白、来伊份、三只松鼠等。举个简单的例子，当你打算购买某产品，与客服进行沟通的时候，A 中规中矩地回复“您好，×× 为您服务”，而 B 则会热情洋溢地回复“主人，专注服务主人的鼠糖果在的呢”，显然后者的效果要更好一些。

人格化运营的实用技巧如图 9-6 所示。

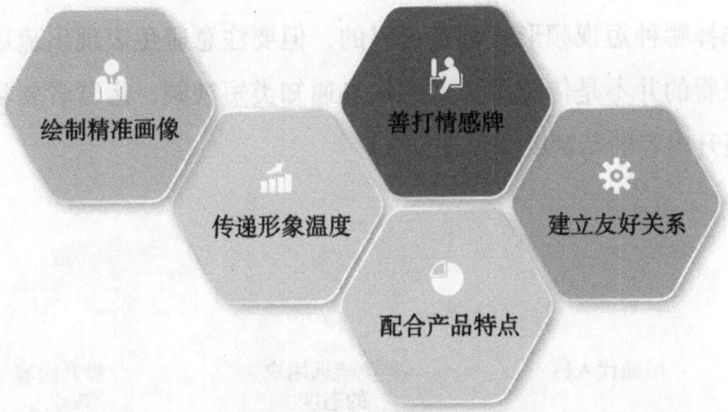

图 9-6　人格化运营的实用技巧

1. 绘制精准画像

运营者在为账号打造人格化形象之前首先要明确做这项工作是为了谁。江小白这个品牌的人格化塑造之所以如此成功，就是因为其事先绘制了足够精准的用户画像，明确了自己的目标用户就是“80 后”和“90 后”白领人群，进而选择了一个简单纯粹、贴合现实的文艺青年形象。

明确用户特征是开展人格化运营的重要前提。如果品牌所面向的用户有一半以上都对品牌形象并不感冒，甚至有些抵触，那么不要说通过这个形象与用户互动了，就连基本的内容输出都很难得到良好的反馈。

2. 传递形象温度

现在的品牌之所以如此重视对人格化形象的打造，就是因为随着时代的变迁，人们已经不再满足于那种传统的交易模式。在选择产品的时候，他们看重的已经不仅仅是产品的功能和质量，还有品牌传达的情感。换句话说，人格化运营做得比较好的品牌总能收获忠诚度较高的粉丝，并且拥有更大的发展潜力。

品牌应将传递形象温度这项工作放在首位，用户根本不会喜欢外表华美但毫无温度可言的空架子。有些品牌将品牌文化、历史融入短视频的剧情，让用户产生了一种代入感，这往往能让双方的关系变得更加紧密。在合理的范围内，品牌无论选择哪种短视频形式都是可以的，但要注意避免表现出疏远用户的态度。用户想看的并不是传统意义上的信息通知类短视频，运营者要学会紧跟时代潮流去提升内容的新颖度（见图 9-7）。

图 9-7　传递形象温度时的要点

3. 配合产品特点

企业号运营有一个很重要的特点：短视频的内容要配合产品的特点。企业号在发布第一条短视频时就要引出自己的品牌或产品，这样做有利于品牌的人格化形象塑造。

例如，某些专供学龄前儿童使用的产品，其人格化形象要向可爱、有亲和力的这个方向靠拢。同时，相关短视频的内容也不能过于复杂，文案、台词都要便于理解。这样才能使账号的人格化形象与品牌或产品的特点更加匹配，不会让用户觉得突兀。

4. 建立友好关系

某些大型企业虽然制作了许多比较优质的短视频，但涨粉速度、变现效果却都算不上好，甚至还不如实力远不如自己的中小型企业，主要原因就在于其没有与目标用户建立友好、亲近的关系。作为企业号的运营者，无论品牌存在的时间有多长、实力有多强，既然已经选择跟随主流趋势入驻抖音，就必须舍弃那种“高冷”的态度。有时候，适当地弯一弯腰并不会使品牌形象受损，反而会吸引更多的忠实粉丝。

那么，如何改善与用户之间的关系，使其对企业账号产生更强的黏性呢？归根结底，还是要多与用户互动，不要给用户一种高高在上的感觉。私信、评论都是很关键的资源，运营者一定要利用好这些平台自带的资源与企业号的特权功能。

5. 善打情感牌

有些入驻抖音的品牌比较特殊，它们虽然是老品牌，但竞争力、经济效益却在逐年下滑。客观来说，这类品牌的竞争力不强，但有运营才能的人会将这种弱势好好地利用起来。其中，打情感牌或者说卖情怀就是一种很有效的方法。对这种方法的评价好坏参半，但它对身处困境的品牌来说还是很有效果的。

9.5 提升转化：怎样将用户的喜爱心理转化为实质的购买行为

抖音上的大部分企业号旗下至少会有一两款核心产品。品牌影响力的增强与产品销售额的提升往往是相伴相随的，对那些尚处于发展期的企业来说，转化率是至关重要的。

企业在运营过程中常常会遇到一个棘手的问题：短视频的各项数据很不错，账号也确确实实在涨粉，但产品的销售曲线却毫无波动。为什么会出现这种情况？其实，这主要还是因为运营者的工作没有做到位，没有将力气用到正确的地方。大多数企业都能做到让用户看到产品并喜爱产品，但难点在于将这种喜爱的心理转化为实质的购买行为。

在提升转化这一环节做得比较成功的企业所使用的技巧如图9-8所示。

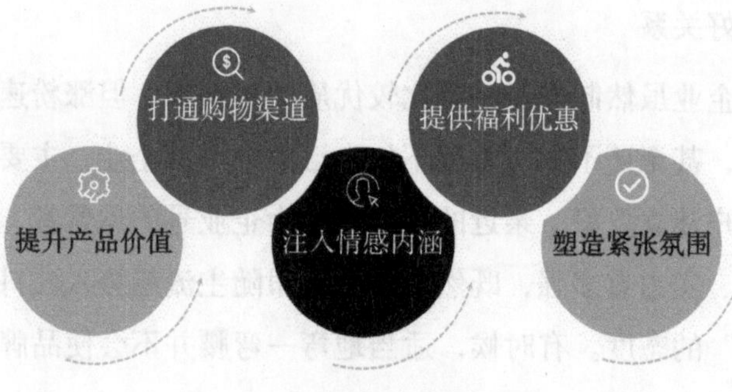

图 9-8　提升转化的实用技巧

1. 提升产品价值

影响产品价值的因素主要包括产品功能、材质、技术、外形等，这些因素对产品来说都很重要，而且会对产品的最终定价产生影响。

如果是相对成熟的核心产品或者非互联网产品，那么进一步提升其价值恐怕十分困难，但并非毫无办法。下面介绍一个凭创意取胜的案例。

你喜欢读书吗？无论答案是肯定的还是否定的，你都很难将其与大米联系起来。某食品类 App 就推出过一个乍听起来令人有些摸不着头脑的活动——将书与大米捆绑到一起销售。这听上去是不是有些不可思议？结果，这一奇特的组合得到了用户的疯狂追捧。这就是提升产品价值的一种非常巧妙的方式，虽然构思起来有一定的难度，但效果却是非常显著的。

2. 打通购物渠道

有时候，用户并不是不愿意付费，只不过还没有跨过那道门槛，需要运营者在后面推上一把。抖音目前的购物环境已经比较完善，不过肯定无法与淘宝这类专业的购物平台相比，所以无论企业打算用哪种形式带货，务必要让购物渠道更加顺畅，尽可能为其消除购物过程中的阻碍（见图 9-9）。

首先，企业号的运营者要打通抖音小店、商品橱窗等购物渠道。如果采用直播这种形式，提升转化率会更加容易，但主播与后台人员的配合一定要到位。其次，抖音本身并不具备快捷的客服系统，所以运营者要做好与用户的交流。

图 9-9　如何消除用户购物过程中的阻碍

对那些知名品牌来说，一条一条回复肯定是不现实的。运营者可以提前思考一下用户可能会提出的问题，并在评论区提前做好归纳与解答。对粉丝量不大的小品牌来说，评论与私信都可以充分利用。

3. 注入情感内涵

注入情感内涵就是唤起用户的情感共鸣。在当前这个物质资源相对充裕的时代，情感共鸣的“杀伤力”可是很强的。不过，要想调动用户的情绪，运营者也要下一番功夫，不是随便做两条心灵鸡汤类短视频就可以实现的。

运营者首先要保证自己对目标用户群体足够了解，这样才能做到对症下药。运营者还要明确一点：唤起用户情感共鸣的同时，一定要突显产品的重要性，让用户看到产品提供的帮助。否则，这就真的只是单纯的情感共鸣，对提升产品销售额来说没有丝毫作用。

4. 提供福利优惠

企业号可以通过为用户发福利、举办优惠活动等方式去激发用户的购物冲动。大多数用户对优惠券的接受程度都是比较高的，在发放优惠券前后，产品销售额通常会出现较明显的变化。在准备做优惠活动的时候，企业号最好发一个活动预告来进行预热，否则会有一部分用户无法及时接收相关的活动信息。

有一些刚成立的品牌试图通过促销降价的方式吸引用户，如果能将定价控制在合理的范围内，那么企业号应该能迅速涨粉，销售情况一般也比较好。但要注意，不能将其变成价格战，无限压低价格只会对企业造成负面影响。

5. 营造紧张氛围

营造紧张氛围是指通过限时、限量等方式增强用户在购物时的紧迫感。也许某些产品对用户而言并不是非买不可的，但用户被商家营造的紧张氛围所影响，就会不自觉地就按下下单和付款的按钮。

就拿直播来说，运营者可以在直播过程中反复强调“还剩最后一分钟”“只有 100 件了”“限量款库存不足”这类能够调动用户情绪的话。当然，运营者不能欺骗用户，明明说了最后一分钟，时间到了以后又延迟几分钟的做法只会让抢先购买的用户产生被欺骗的感觉，后来的用户也难以提起购物热情。

【案例】单色舞蹈在抖音上的逆袭之路

“单色舞蹈”这个品牌的成立时间比较早，前期所走的品牌运营路线也比较传统。在其初创阶段，国内的互联网环境还远不如现在这样成熟，线上运营更是一个少有人提及的概念。虽说单色舞蹈在线下的经营还不错，但还达不到火爆的程度。当其将目光投向抖音之后，品牌的发展速度就呈直线上升趋势。

目前，单色舞蹈已经成了抖音上的百万级账号，粉丝总数也正在向 300 万这一目标迈进。人外有人，天外有天，单色舞蹈这个舞蹈培训机构在行业内不是水平最高的，但它利用抖音成功地提升了自己的市场地位。

单色舞蹈在抖音上究竟做了什么，以至于能迅速超越竞争对手，拥有数量如此庞大的粉丝？我们可以简单地梳理一下单色舞蹈在逆袭之路上值得借鉴的做法，如图 9-10 所示。

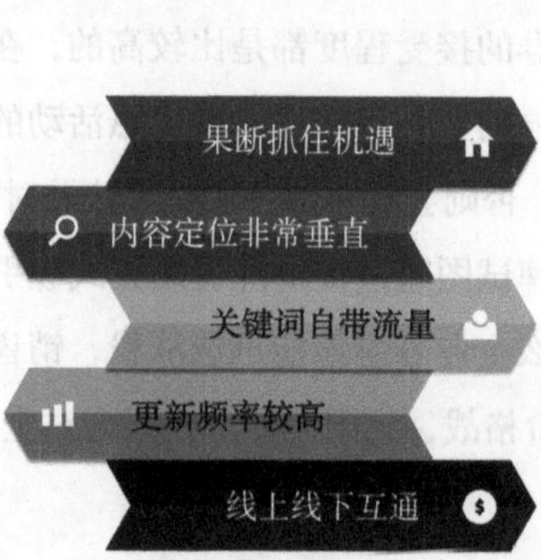

图 9-10　单色舞蹈在抖音上的逆袭技巧

1. 果断抓住机遇

在抖音刚刚开通企业号认证功能的时候，虽然也有许多品牌响应，但大品牌非常少，多数都是名不见经传的小品牌。与这些品牌相比，运营时间已经超过10年的单色舞蹈无疑称得上是知名度较高的品牌。它在收到抖音开放企业号认证的消息之后，并没有犹豫观望，而是迅速地通过了企业号认证。

当时，企业号在抖音上的优势与商业价值还完全没有体现出来，但单色舞蹈果断地选择了入驻抖音。事实证明，单色舞蹈的选择没有错。抢先入驻有两个好处，一是没有那么多竞争对手，二是运营起来比较轻松。当然，如果单色舞蹈只是抢占先机，注册了一个蓝V账号，后续行动却没有跟上，那么它也很难获得现在的成就。

2. 内容定位非常垂直

单色舞蹈是一家舞蹈培训机构，其账号定位肯定要瞄准舞蹈领域，面向其他任何一个方向似乎都显得不太合理。做好基础的定位工作只是明确了大致的方向而已，真正对其发展起到决定性作用的还是差异化的内容定位。

2018年，抖音的发展已经进入正轨。虽然说舞蹈领域的蓝V账号不是很多，但该领域的热度、规模等却能达到热门领域的标准。如果单色舞蹈发布的内容只是帅哥美女在跳舞，那么它虽然也能获得一定的流量，但效果不会特别好，不会有什么出彩的地方。

单色舞蹈在做差异化定位（见图9-11）的时候，将重点放在了舞蹈教学这一细分领域上。之所以进行这样的定位，一方面是因为这本身就是单色舞蹈擅长的，另一方面是因为这抓住了用户群体的心理：别人跳得那么好看，我也想学着跳。

单色舞蹈打造差异化定位的工作并没有到此结束，因为其运营者想得非常深入：即便是普通的舞蹈教学，对没有基础的人来说也显得难度很高。所以，单色舞蹈决定进一步细化差异化定位，将零基础用户作为目标受众，发布的视频也以零基础教学的内容居多。此外，单色舞蹈在后期还做了账号矩阵，额外开设了专门以少儿为目标用户的账号。

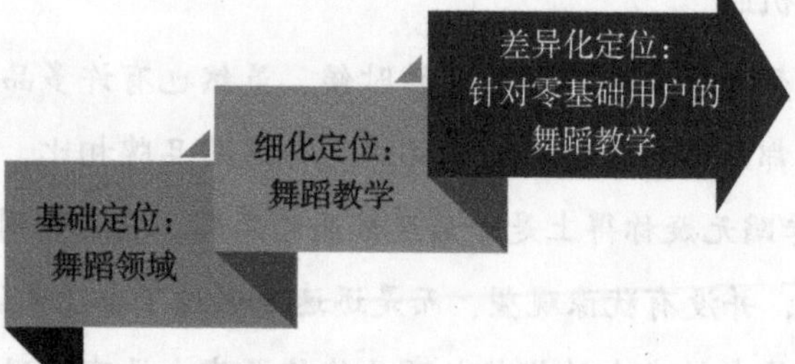

图 9-11 单色舞蹈确定差异化定位的思考过程

3. 关键词自带流量

查看单色舞蹈所发布的短视频的文案，我们可以发现，许多短视频都带上了热度比较高的关键词或话题，这样做很容易引流涨粉。

例如，在《青春有你 2》这个综艺节目走红的时候，单色舞蹈在文案中带上了节目的名字，并选择节目中受关注度比较高的舞蹈来做简单的教学，视频播放量、互动量等数据立即跟着火速上升。另外，汉服也是近年来很火爆的领域之一。单色舞蹈在发布古典舞的短视频时，也会蹭节日和服装的热点，带上“# 中国华服日”“# 汉服”等高流量话题。

4. 更新频率较高

单色舞蹈的行动力非常强。自从在抖音上申请了蓝 V 账号之后，它就开始频繁地发布短视频，有时候一天能发布五六条甚至更多，而且质量都很高。

虽然单色舞蹈当时的粉丝并不多，但因为更新速度快、内容出色，它在短时间内吸引了不少新粉丝。在捕捉到有价值的热点后，单色舞蹈也会在当天或隔天就发布带有热点关键词的短视频。在这个时代，捕捉热点的速度越快，就越能抢先一步获得更多的流量。

5. 线上线下互通

单色舞蹈在抖音上的运营比较顺利，但不要忘记，它入驻抖音的初衷可不是单纯为了涨粉。如果只是一味地涨粉，却不能将其变成付费用户，那么从本质上来说，单色舞蹈也是从中得不到什么回报的。作为一个线下的大型培训机构，单色舞蹈想要获得的是什么？当然是渴望学习舞蹈的学员。

单色舞蹈在不间断发布短视频的同时也在做打通线上、线下渠道的工作。它充分地利用了蓝V账号享有的一系列特权，如跳转外链、自动回复、机构信息展示等。另外，抖音新推出的POI定位功能也可以帮助单色舞蹈实现从线上向线下引流。随着抖音粉丝数量的日益增加，前往单色舞蹈线下机构报名的人数也有了显著的增加。

第 10 章

多元变现：广告、电商、付费课程的变现方法

抖音自上线以来不断调整运营思路，推出了包括直播在内的一系列新功能，这些都表明了抖音的商业雄心。广大运营者也敏锐地看到了抖音的发展方向，创造了多元化的变现方式，如打赏、广告、课程变现等，而且电商群体也在纷纷入驻抖音。抖音的变现之路愈发宽阔，运营者越早入驻，就越有可能获得丰厚的回报。

10.1 抖音直播：抖音账号最重要的变现途径及相应的运营技巧

近年来，随着人们购物观念的变化，直播行业越来越红火。虽然说抖音在早期也有开拓直播领域的规划，但大概也没有想过短短几年内直播这股风潮会变得如此猛烈。作为抖音平台上的运营者，如果你也有变现的想法，就一定不能忽视直播这一变现途径。

与专业的直播平台如虎牙、斗鱼等相比，抖音的直播系统还不够成熟，有许多地方还有待改善，但对普通的运营者而言已经够用了。在抖音上，运营者目前主要通过两种形式来完成变现：一是最常见的直播带货，二是靠粉丝刷礼物来获得相应的分成。

无论选择哪种形式，只要运营者的直播能力到位，就可以获得回报。抖音虽然以短视频为主要内容形式，但也十分重视直播。运营者在制定变现方案的时候，最好将直播变现排在靠前的位置。

运营者要明白这一点：直播变现的潜力虽然很大，但它建立在运营者能够打造良好氛围的基础上，这可不是简单说几句话就能成功的。要想吃到这块诱人的蛋糕，运营者就必须了解直播变现的要点，具体如图 10-1 所示。

图 10-1 抖音直播变现的要点

1. 撰写脚本

撰写脚本是运营者在开直播之前要做的一件最基础也是最重要的工作。为什么这么说呢？事实上，脚本就相当于演员在拍戏之前要拿到的剧本，说什么话、做什么事都要提前规划好。到了正式的直播环节，运营者就不能再像彩排时那样轻松，特别是采用带货直播这种形式时，每一项工作的完成时间都要精确到分钟甚至秒，只有找准节奏才能让直播顺利地进行下去。

虽说直播多多少少有一些临场发挥的成分，但也不可能在没有脚本的情况下完全靠个人反应去进行长达几个小时的直播。不要觉得经验丰富的主播就可以抛弃脚本，虽然他们的直播能力比新手强许多，但依然需要脚本来避免直播过程中可能出现的各种意外。

在彩排的过程中，主播不需要完全按照脚本内容完整地走一遍，因为这样做会消耗大量的时间与精力，主播要自行判断、提炼脚本中的关键内容。

2. 发布预告

喜欢网购的人大都会对“双十一”“双十二”这类购物节非常关注，也会注意到这样一种现象：各大电商平台都会提前好几天发布预告，参与活动的品牌店铺也是如此。同理，运营者最好在做直播之前发布预告，目的是吸引新老粉丝前来观看。如果只是在短视频的评论区或其他地方轻描淡写地提上一句，即便账号的粉丝量很大，预告的效果也不会太好。

利用短视频发布直播预告的时候，运营者需要注意两个要点。第一，直播预告的封面很重要。预告的形式多种多样，包括短视频、图文、海报等，这些形式的预告都会有一个封面。运营者无论是在抖音上发布短视频预告，还是在其他社交平台上发布图文预告或海报预告，都要把封面做好，保证封面涵盖直播的关键信息，还要注意图片设计、颜色搭配等细节。图片不能完全盖住文字，毕竟直播时间、进入直播间的方式等信息才是直播预告的重点。

第二，运营者要保证准时开播，毕竟普通用户可不会管你究竟遇到了什么意外，他们只知道自己被“放鸽子”了。主播如果没有在预告时间出现，即便是忠诚度较高的粉丝也会对其产生不好的印象。如果这种行为屡次发生，还有可能会影响账号的权重。因此，运营者一定不能言而无信（见图 10-2）。

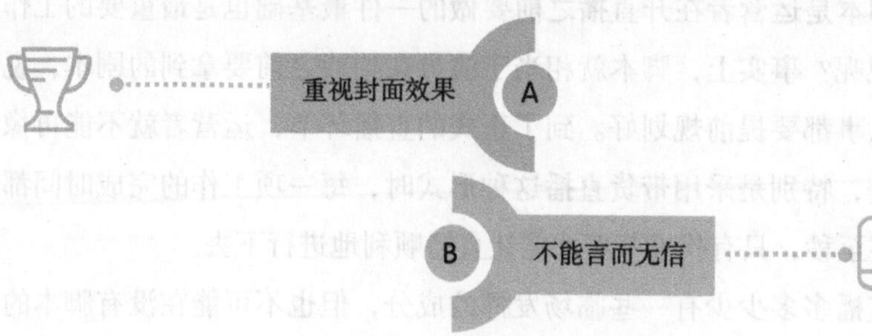

图 10-2 做直播预告时的要点

3. 做好练习

要想通过直播完成变现，运营者就必须为此付出努力。粉丝可能会基于信任、喜爱等心理而通过购买行为来支持主播，但如果主播在直播过程中的表现并不好，而且始终没有明显的进步，总是冷场或者翻车，缺乏随机应变的能力，那么粉丝的热情也会慢慢消退。前文提到过直播前的彩排环节，虽然主播不需要完整地走完所有环节，但也不能直接略过彩排或者抱着敷衍的态度进行彩排。

运营者一定要做好直播前的练习工作，特别是此前对直播行业了解不多或者从未接触过直播工作的新手。在独自练习时至少要保证自己说的话是流畅的、有逻辑的。试想，一位做直播带货的主播连话都说得磕磕绊绊，产品的核心卖点不仔细听都听不出来，又如何能激发用户的购买欲望呢？如果不能带动、感染用户的情绪，那么完成变现是非常困难的。

4. 重视互动

没有互动的直播从根本上来说是不合格的，用户还不如直接去看短视频。

提到互动，知名主播李佳琦是很好的学习对象。人们基本看不到他的直播间气氛变冷，虽然他不可能与每一位用户进行互动，但绝对不会全然忽视用户的留言。他经常挑一些比较有价值或者比较有代表性的问题进行解答，以此让用户产生参与感。

在直播的过程中互动的方式有很多种，运营者在练习时要注意加入互动环节，不能将直播变成一个人的自言自语。

5. 调整心态

抖音直播的热度渐渐高起来，借助直播完成变现的人也越来越多，有一部分运营者跃跃欲试，但也有一部分运营者因为看不到直播的效果而选择放弃。

某些账号的粉丝量很大，看到预告后来观看直播的人也很多，但带货效果却非常差，刷礼物的人也寥寥无几。这虽然不是运营者想要看到的结果，但在刚开始做直播时也是很正常的现象。如果运营者不能及时调整自己的心态，干脆就暂时不要考虑做直播，否则很容易将负面情绪传递给用户，这只会使转化效果变得更差。

10.2　打赏变现：抖音直播打赏分成机制及相应的运营方法

直播打赏是指粉丝给主播刷礼物。大部分平台都有打赏分成机制，该机制可以调动主播的积极性——当然，分成机制要合理。那么，抖音在这个方面是如何规划的？运营者应该如何提升打赏变现的效果呢？

首先介绍一下抖音的直播打赏分成机制。目前，抖音上线的礼物种类还是比较丰富的。考虑到用户的消费能力，抖音设置的价格也比较合理，从最低的1抖币到几千抖币不等。抖币是抖音专属的虚拟货币，1元钱可以换10个抖币。即便对学生群体来说，最低档的礼物基本上也不会对其造成经济压力。当然，抖音发布了未成年人保护条例，其中有一条就是青少年不能充值、打赏。

对有工作、消费能力较强的用户来说，打赏并不会给他们带来很大的经济压力，他们会挑选价格可以接受的礼物，再将其送给主播。这种行为可以为平台创造收益，而创造了这种收益的主播自然可以获得一定的分成。

与直播带货的分成相比，打赏分成的机制就简单多了。平台与主播五五分成，这个分成比例还是比较公平的。当然，如果主播选择加入工会并与之签订合同，分成比例就会根据双方的协商结果确定。

直播打赏和直播带货虽然都能使主播获得一定的收益，但具体的操作方式却并不相同。用户在直播间购买产品主要是出于对产品的需求，而打赏则是对出于对主播的认可和喜爱。这其实有点像有些人只会为外卖付费，而有些人则会顺手打赏骑手，对外卖骑手来说，获得打赏的难度肯定更高。

获得更多打赏的技巧如图 10-3 所示。

图 10-3　获得更多打赏的技巧

1. 不要过于刻意

所有的主播都希望粉丝给自己刷礼物打赏。主播当然可以开口索要礼物，但一定要采用正确的方法，把握好度，过了头就容易引起用户的反感。

主播想要获得打赏是很正常的，但一定要好好揣摩用户的心理。无论用户是基于好奇、喜爱还是其他情感为主播刷礼物，其本质上都是一种自发行为。主播可以用比较委婉的方式向粉丝索要礼物，但不能强行索取。不重视直播内容，高频率催促粉丝或者直接说“快给我刷礼物”之类的话，都是主播不应该出现的行为。

2. 输出优质内容

无论运营者是否打算将重心放到直播领域，都要将眼光放长远一些，不能只依靠核心粉丝来获得分成收入，还是要通过输出优质内容来吸引更多的新粉丝，增强直播间的吸引力（见图 10-4）。这里说的优质内容其实并没有什么太高的门槛，例如，早早进入直播行业的冯提莫就用自己甜美的嗓音吸引了一大批忠实粉丝，其歌唱水平也在不断提升。

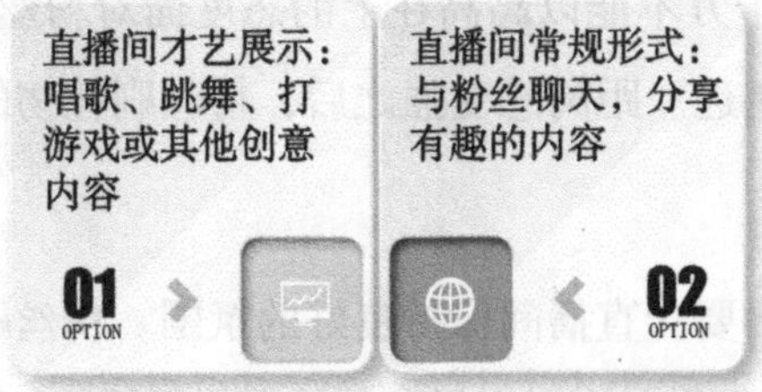
直播间才艺展示：唱歌、跳舞、打游戏或其他创意内容
直播间常规形式：与粉丝聊天，分享有趣的内容
01
OPTION
02
OPTION

图 10-4 主播输出的优质内容

适合在直播间展示的才艺主要有唱歌、跳舞等，有一些创意十足的主播还会展示一些特殊才艺，但要注意别违反平台的规则。如果主播没有什么可供展示的才艺，也不想走这种路线，与粉丝聊聊天也可以，这种直播形式也是很常见的。

直播时间不能太短，直播内容要尽可能充实。不要让直播间的粉丝感到乏味，他们只有在情绪受到感染的情况下才会产生送礼物的冲动。

3. 给予打赏激励

如果用户送出了价值较高的礼物却得不到任何回应，甚至连一句“谢谢”都听不到，那么他们有很大的概率不会继续送了。这倒不是说主播必须要用多么感激的态度与刷礼物的人互动，但也要做出适当的激励，还要让直播间里的其他粉丝明白，给主播送礼物的粉丝有资格享受一定的特权。

在看到粉丝送礼物的时候，主播一定要有反应。常规的做法是念出粉丝的昵称并简单致谢，有时候这种做法会让其他粉丝心生羡慕。还有一些主播会直接设置奖励，例如，粉丝送的礼物达到一定的标准即可加入专属粉丝群，群内会不定时分享一些专有信息、发放红包等。

4. 不能高高在上

有些主播的粉丝很多，粉丝刷礼物的热情也很高。久而久之，有些主播就会产生一种飘飘然的感觉，不再像过去那样平易近人。如果主播出现这种心态后没有立刻调整的话，很快就会尝到恶果。

刷礼物的粉丝看似是被动的一方，但主播如果失去这批粉丝，很快就会失去价值。所以，主播千万不能以高高在上的态度面对粉丝，否则只会让自己与粉丝之间的距离越来越远。距离感变强之后，粉丝刷礼物的动力就减弱。

5. 做好打赏引导

打赏引导是指主播要让直播间保持良好的氛围。粉丝刷礼物对主播有好处，但如果直播间里形成了攀比的不良风气，主播也要及时出来控制一下。另外，虽然抖音出台了未成年人保护条例，但仍然有不少青少年会钻空子送主播礼物。这时，主播必须站出来阻止这种行为，维护平台的秩序，不能视而不见。

10.3 广告变现：抖音 KOL 进行广告变现的四种方式

广告变现也是一种比较常见的变现方式，当前也得到了抖音平台的支持。虽说抖音之前对广告的限制较严，但随着商业化进程的不断推进，抖音针对此方面的规则也开始有所调整。广告变现不仅能为平台带来流量，还可以吸引更多品牌商的目光。不过，接广告做推广这件事也不是什么人都可以做好的。

品牌商在支付了一定的推广费用之后，必然希望得到相应的回报，如品牌知名度提升、产品销量增长等。因此，他们在选择合作对象的时候，通常会将目光投向那些有一定粉丝基础的 KOL。

某些独立发展的 KOL 虽然懂得如何运营好一个账号，但对如何通过广告完成变现这件事却没什么头绪，常常会出现短视频播放量很高但转化率却很低的情况，这是品牌商最不愿意看到的情况。为了让广告变现的效果变得更好，使合作双方都能从中获益，抖音 KOL 要适当地运用一些技巧。

抖音 KOL 完成广告变现主要有两种形式：一种形式是由品牌商直接将广告成品发给 KOL，再由 KOL 进行传播扩散；另一种形式是品牌商与 KOL 沟通想法之后，由 KOL 来完成广告的创作。目前，后者在抖音上更常用，不过对 KOL 来说难度也更大。

抖音 KOL 需要掌握广告变现的四种方法，具体如图 10-5 所示。

图 10-5　抖音 KOL 广告变现的四种方法

1. 通用剧情法

抖音之所以能够成为各大品牌开展营销推广活动的重要阵地，就是因为随着时代的变迁，传统的广告形式已经日益没落，带来的经济效益越来越不显著了。短视频很受主流消费人群的欢迎，而且与软广的匹配度非常高。在短视频中植入软广的做法不仅不会引起用户的抵触，如果创意非常出色，短视频还很容易获得大范围的传播。

例如，知名 KOL“戏精牡丹”在接到推广任务后，就会将产品与剧情完美地融合起来，用户往往在看到产品的一瞬间才发现原来这是一个广告，但又不会觉得很突兀。

创作能力比较强的运营团队最好将通用剧情法作为首选，但要注意图 10-6 所示的事项。

图 10-6　运用通用剧情法时的注意事项

（1）避免过于复杂

某些创作能力非常强的运营者虽然可以创作出吸引人的剧情，但常常会发生本末倒置的问题：短视频的剧情非常出色，甚至可以与某些电影相比，用户虽然能看出运营者在剧情方面的用心，却很难消化、理解其内容，这反而会阻碍产品的推广。

（2）内容完整有趣

抖音平台的主要特色是新潮、有趣，过于平淡、俗套的剧情很难引起用户的兴趣。运营者在创作的时候既要保证内容简洁易懂，又要提升内容的趣味性。此外，即便不采用 15 秒的短视频形式，视频的时长也受到一定的限制，所以一定要注意内容的完整性。

（3）体现产品优势

作为一位合格的推广者，必须借助剧情让产品的植入显得更加自然，但这并不意味着要削弱产品的存在感。如果看不到产品的核心卖点，用户最多只是笑一笑、点个赞就会离开，而不会购买产品。

2. 分析测评法

测评法也是近年来比较受欢迎的产品推广方法之一，其中，手机、化妆品等产品使用这种推广方法的频率较高。这种方法比较适用于直播，因为短视频受到时长的限制。运营者虽然可以将直播的精彩片段剪辑成短视频，但毕竟内容不够完整。

分析测评法运用起来没那么简单，如果只是将产品全方位地展示一下，再照着官方通稿念几句话那么简单，品牌商就不需要花费精力去寻找合适的 KOL 了。

KOL 当然可以参考品牌商提供的产品简介，但不能完全照搬、没有一点自己的见解。还有一些 KOL 喜欢用对比法来烘托产品的优点，不过最好不要明确指出对比的品牌，否则很容易造成不必要的麻烦。

3. 热点结合法

所有 KOL 对蹭热点这件事应该都不陌生。将推广内容与热点内容融合到一起创作短视频也是推广产品的有效方法之一。有一段时间，很多学生都在上网课，三只松鼠抓住这个热点迅速创作了一条与网课有关的短视频，这条短视频很快就火了起来。其运营团队还十分关注微博的热搜榜，有什么合适的热门话题都会想办法蹭一下。

不过，在寻找热点的时候，KOL 也要注意对热点进行筛选，那些与品牌商有利益冲突的热点是一定不能选用的。

4. 场景代入法

场景代入法在某种程度上与通用剧情法很相似，不过它更注重生活化的剧情及情感、观点的传达。运用这种方法时，成功的关键在于激发用户的情感共鸣。为什么 2019 年的贺岁短片《啥是佩奇》能够在朋友圈刷屏？这部短片的剧情并不复杂，也没有什么特别大的创新之处，打动观众的恰恰就是爷爷疼爱孙子这种朴实的情感。

在这个快节奏的时代，人们的内心非常渴求温暖。KOL 要认清这一点，把握好产品目标用户的特征与需求，从心理、精神层面着手去创作短视频。作品越贴近人们的生活，越能击中其内心的柔软之处，越容易实现推广的目的。

10.4 课程变现：什么类型的课程在抖音上更好卖

此前，抖音上教育科普类的短视频也不少，但教育算不上热门领域。随着知识付费潮流的兴起，越来越多的人通过输出优质内容获得了丰厚的回报。例如，樊登读书、艾麦思数学等知识类蓝 V 账号都及时地抓住了抖音功能更新所带来的新商机。

通过抖音平台制定的课程售卖规则，我们可以看出其运营团队很支持教育板块的发展，也希望借助课程销售获得回报。不过，为了激励运营者，抖音拿到的只是一小部分收益，更大比例的收益都分给了运营者。

这种极具诱惑力的分成模式确实吸引了许多运营者，但课程变现不是人人都能轻而易举采到的果实。不同课程的变现潜力不同，就像带货主播需要好好选品一样，运营者在做课程变现规划的时候，也要先调查哪类课程在抖音上更受欢迎、销量更高（见图10-7）。

图 10-7　在抖音上较受欢迎的课程类型

1. 教育类课程

该类课程主要包括初高中的基本课程与大学的一些专业课程，主要受众是学生群体。很多学生都可以在抖音上找到适合自己的课程。当然，也有一部分用户只是对教育类课程比较感兴趣，想要通过学习这些课程提升一下自己的知识水平。

虽说教育类课程看上去比较中规中矩，但其商业潜力很大，原因有两个方面：一是受众广泛，而且用户需求也十分强烈；二是优势明显，传统的课堂教学虽然无法被彻底取代，但网络授课的形式越来越受到人们的欢迎。

2. 游戏类课程

运营者不能以陈旧的思维来看待课程，传统的课程是比较严肃的，但抖音上的课程大多是新颖有趣的。在抖音上，游戏领域原本就很火热，聚集了大量的游戏爱好者。其中很多人都希望通过轻松有趣的方式学习一些游戏知识和操作技巧，尤其是游戏新手。

抖音上的热门游戏主要有《王者荣耀》《英雄联盟》《绝地求生》等，这些游戏本身就自带热度，玩家规模、游戏知识需求量也很大，所以相关的游戏类课程的销量也非常可观。不过，游戏类课程的定价普遍不是很高，从几块钱到几十块钱不等，一般不会超出这个区间太多。

3. 亲子类课程

亲子类课程的变现潜力很大，因为抖音上不乏刚成立家庭或初为人父母的用户。这类用户的年龄一般不是很大，而且思想也比较开放。他们十分重视婴幼儿的教育，而且往往非常信任专家的建议。

亲子类课程有许多细分类别可供用户挑选，如学龄前儿童的益智启蒙、婴幼儿的营养搭配、幼儿情商培养等。这些课程的内容比较实用，也非常容易受到父母的欢迎，运营者不需要做很多营销推广工作，只要把课程内容做扎实，就可以获得大量的付费用户。

4. 技能类课程

技能类课程涉及的内容十分丰富，你能想到的基本上都可以在抖音上找到（见图10-8），还有许多内容是普通人根本想象不到的。比较常见的技能类课程有绘画、书法、写作课程等。这些课程的受众很广，而且门槛不高，各个年龄层、不同性别的用户都可以学习。

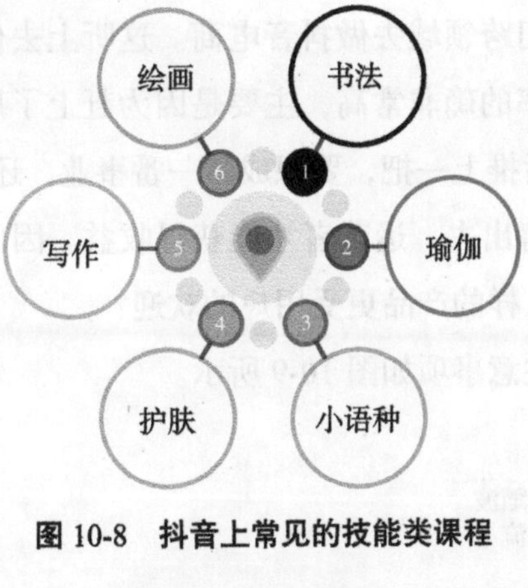

图10-8 抖音上常见的技能类课程

抖音上的技能类课程有不同的定位，既有零基础课程，也有专业能力提升课程，不同的课程可以充分满足各类用户的需求。此外，还有一些比较独特的技能类课程，如泰拳、格斗、特效制作课程等。有许多用户此前对这些领域的了解不多，但在抖音上看到课程介绍后对其产生了兴趣。

5. 情感类课程

情感类课程不等于心灵鸡汤，那些优质的情感类课程对现实生活还是很有帮助的。例如，以职场社交、恋人或夫妻关系等为主题的课程所传授的内容完全可以在生活中应用、实践。

不过，与上述几类课程相比，情感类课程“掺水”的概率更高一些。有一些情感类课程的制作水平不高、价值也不高，用户要注意筛选。

对情感类课程感兴趣的用户往往更容易发生冲动消费，这也是部分运营者不用心打磨课程内容、把更多时间和精力花在营销推广上的原因之一。但是，以这样的态度开展运营是不可能获得长远发展的，持续输出价值不高的课程必然会造成口碑下降、粉丝流失。打算通过情感类课程完成变现的运营者还是要把工作重心放在提高课程质量上面。

10.5 抖音电商：做好选品、找准用户痛点更重要

在抖音上做电商目前已经成了许多人的致富之道，其中有一部分人甚至放弃了原本的工作，专门跨领域去做抖音电商。这听上去似乎很疯狂，但事实证明抖音电商的变现效率的确非常高，主要是因为赶上了风口。不过，时代机遇最多只能在运营者背后推上一把，要想成就一番事业，还是要靠自身的努力。

只有产品成功销售出去，运营者才能获得收益。因此，运营者要思考一个非常关键的问题：什么样的产品更受用户的欢迎？

抖音电商选品的注意事项如图 10-9 所示。

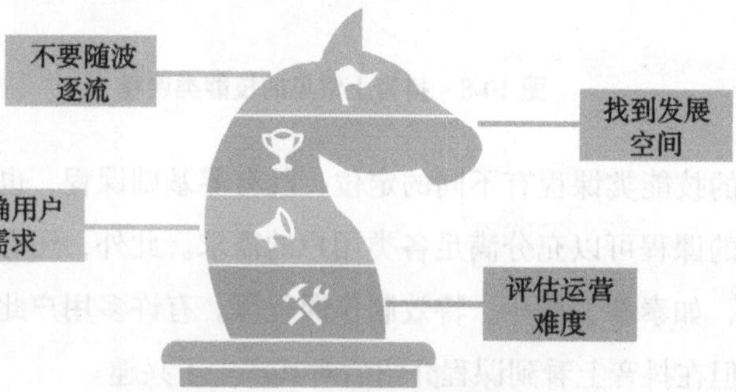

图 10-9 抖音电商选品的注意事项

1. 不要随波逐流

缺乏选品经验的电商新手对那些打造出爆款产品的抖音账号会有强烈的信任感，常常会以爆款作为选品的标准。从总体上来说，将目光放在爆款产品上也没有什么太大的问题，毕竟这些产品有独特之处，电商新手也的确可以从中获得一些有价值的信息。例如，爆款产品的核心卖点是什么、具备哪些独特之处、与竞品相比有哪些优势等信息能够帮助电商新手制定初期的选品规划，确定大致的选品范围。

但是，在抖音上做电商不能完全跟着爆款的方向走。市场非常容易出现变化，没有人敢肯定地说销售某款热门产品就可以稳赚不赔。运营者要考虑那些热门产品是否适合自己销售，而不能毫无主见、只是机械地跟随当时的潮流去选品。

2. 明确用户需求

用户的需求越强烈，产品的销量往往就越高，运营者从销售中获得的收益也就越多。对电商新手来说，某些热门领域虽然比较拥挤，但用户需求非常强烈，在这些领域中找到细分市场是十分正确的选择。

即便是小众市场，也并非毫无机会。有些小众市场虽然用户规模比较小，但用户的需求与消费欲望都很强烈，这类市场完全可以试着开发一下。如果某个细分市场的用户规模与需求强烈程度都不达标，电商新手最好就先不要考虑了，在这类市场中选品会有较大的风险，打造出爆款的概率也比较低。

归根结底，运营者必须将用户需求放在核心位置，在正式做出选品决定之前，一定要问自己几个问题：该产品是否拥有击中用户痛点的能力？该产品能够帮助用户解决什么问题？用户需求是否强烈？这些都是最基本的问题。产品只有满足这些基础条件，才可以放到候选品的列表中。

3. 找到发展空间

这里说的产品发展空间主要包括两个方面：一方面，产品的生命周期要长，虽然爆款产品的更新换代速度很快，但也不能昙花一现；另一方面，产品的改造空间要大，包括外形、功能、材质等。对电商而言，产品的改造空间越大，产品的价值也就越大（见图 10-10）。在选品时，不要选择那些很容易就被替代的产品，否则运营风险就会大大增加。

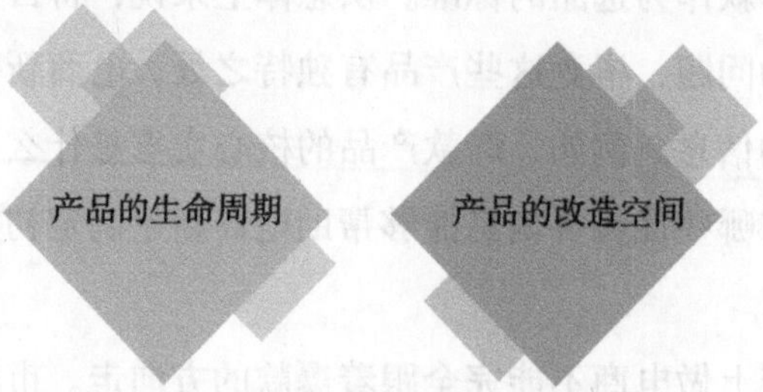

图 10-10 产品发展空间的两个方面

4. 评估运营难度

运营难度越高的产品，对新手来说越不友好。那么，哪些因素会增加运营难度呢？

首先，易碎品或生鲜产品在运输途中的稳定性较难保证，如果没有一个可靠的供应链，那么运营者很有可能会在短暂的销量上升后收到无数的差评。其次，售后是一个很重要的环节，售后负担过重也会提高运营难度。

另外，刚刚起步的新手就不要尝试多产品协同运营的模式了，这种模式会给运营者带来巨大的压力。如果团队人手不足，就难以维持正常的运营。

完成选品之后，许多运营者还会发现这样一个问题：明明自己选出来的产品与某些店铺差不多，但购买者却寥寥无几，而相似店铺的销售却格外火爆，这是为什么呢？主要原因是运营者没能充分挖掘用户的痛点，用户在没有受到触动的情况下自然不会产生购买的冲动。

抖音上的购物环境正在日益成熟，运营者既能将产品链接到其他平台，也能直接在产品橱窗中对产品进行管理。不要忽视封面图与详情页的作用，前者相当于大门，后者相当于门后的房间，如果不能充分发挥它们的作用，转化变现就会变得难上加难。

【案例】牛肉哥的抖音电商生意经

自移动互联网兴起后，很多商业模式都在往圈层化的方向发展。大众最熟知的品牌未必是最赚钱的品牌，很多人都没有听说过、只在一两个平台上的细分领域走红的品牌却赚得盆满钵满。抖音头部账号“牛肉哥严选”显然是后一类的典型代表。

“牛肉哥严选”背后的运营者老牛被粉丝亲切地称为“牛肉哥”，其大众知名度显然不如已被捧为直播经济标杆人物的李佳琦，但绝大多数人并未注意到，李佳琦再受追捧，也不是每一个平台都玩得转。尽管李佳琦在抖音上也有数千万粉丝，但在抖音这个平台上，他的带货成绩时常被粉丝数远低于他的牛肉哥“碾压”。

我们来看看牛肉哥在2019年“6·18”活动中的带货成绩：100万瓶葡萄酒，10万箱啤酒，20万片牛排以及难以计数的其他佐餐食品。最了不起的是，这些订单均由牛肉哥的淘宝店完成，牛肉哥并不像很多KOL一样只是打广告赚佣金。

其貌不扬的牛肉哥是如何获得如此令人瞩目的成绩的呢？总结起来，他的电商生意经如图10-11所示。

图10-11　牛肉哥的电商生意经

1. 塑造IP

没有点传奇的人生经历是很难成为KOL的，毕竟大众就是喜欢关注那些生活中不常见的人和事。牛肉哥正是如此。年纪并不大的他最初因曲折的人生经历为大众所熟知，并收获了第一批忠实粉丝，直到直播电商风潮兴起后他才开始转型。

2. 精心选择品类

在起步阶段，牛肉哥避开了服饰、美妆、生活用品等红海市场，用牛排打开了局面。他在早期发布了数百条抖音短视频，但大部分都不温不火。后来，一条非常生活化的牛排烹饪教学短视频突然走红，他就此发现了背后的商机。

把牛排做起来以后，牛肉哥开始做红酒和啤酒等，主推国外品牌，同样取得了成功。目前，牛肉哥正在将货品范围扩展至电子手表、日用品等领域，还希望开设线下门店。

3. 打通供应链

选品类只是基本功，确定品类之后更重要的是打通供应链。在 KOL 带货场景中，用户希望买到的是质量不错又便宜的产品，这已经成了约定俗成的行规。牛肉哥深谙此道，他在推广产品时最常说的一句话就是“把价格打下来”。无论销售牛排、红酒还是其他产品，他的价格总是比其他人的价格低很多。

为了获得这样的效果，牛肉哥下足了功夫。他不仅频繁向粉丝介绍牛排、红酒的价格构成，还亲身赴产地做直播，介绍同款产品在当地的价格、受众，最终大获成功。

这既体现了牛肉哥的营销能力，也体现了他打造完善供应链的决心。从国外采购产品、运输到国内直到在国内销售、提供售后服务，这是一个漫长的链条，做起来很不容易，但一旦做成就能形成较深的护城河，竞争对手不容易模仿和超越。这种模式比很多主播采用的推广赚佣金模式要扎实得多。